Für meine Eltern
Wally und Hans Reckzeh

und

für die Mitarbeiter*innen und
Bewohner*innen im Haus Weinberg,
dem Alten- und Pflegeheim der
diakonischen Stiftung
Das Rauhe Haus

Ute Reckzeh

TAGE MIT GOLDRAND

52 kreative Andachten fürs Altenheim

INHALTSVERZEICHNIS

EINLEITUNG

»Tage mit Goldrand« – das sind die Tage, die ich innerlich mit einem goldenen Rahmen versehe, weil ich an ihnen etwas ganz Besonderes erlebe, das mich glücklich macht.

»Tage mit Goldrand« ist der Titel einer Andacht in diesem Buch. Sie ist inspiriert von dem gleichnamigen Bühnenprogramm des Filmemachers und Theologen Martin Buchholz. Er lädt in seinem Programm ein »zu einer Schatzsuche nach den funkelnden Goldrändern im grauen Alltag«.[1]

So sollen diese Andachten im Altenheim den Bewohnerinnen und Bewohnern, die in einem eher fremdbestimmten Umfeld leben, jeweils einen besonderen Moment schenken. Der Glanz des Lebens, der Glanz einzelner Momente und der Glanz Gottes sollen spürbar werden.

Ein eher ungewöhnlicher Blick auf Themen und Texte möchte die Teilnehmerinnen und Teilnehmer ins Gespräch bringen. Impulse und Fragen laden ein, biografisches oder aktuell Erlebtes miteinander zu teilen. Weiter möchte ich geistliche Ressourcen miteinander zu teilen zum Klingen bringen. Welche Kraft, welcher Glaube, welche Ressource haben mich bis hierher getragen? Was trägt auch heute in einer Lebenssituation, die für viele der Teilnehmenden eine Herausforderung ist, wenn die Kräfte nachlassen,

[1] *(https://www.martinbuchholz.com/portfolio/tage-mit-goldrand-programm/)*

mehr körperliche und geistige Einschränkungen erlebt werden und Trauer über weniger werdende Beziehungen spürbar ist.

Musikinstrumente, etwas zum Fühlen, Anschauen oder Erleben sollen Türöffner sein, um tiefer fühlen und denken zu können. Wenn für eine Andacht ein Psalm vorgeschlagen wird, wird er immer kopiert und gemeinsam gebetet, um die Anwesenden zu beteiligen.

Die Andachten haben einen wiederkehrenden Ablauf und dauern nicht länger als eine halbe Stunde. Manchmal gibt es ein kleines Geschenk zum Mitnehmen.

Ablauf

Glockenläuten (CD »Lobt Gott getrost mit Singen«, CD 3, Nr. 15)
Begrüßung
Lied/Musik
Psalm (gemeinsam) oder Lesung
Ansprache
Lied/Musik
Gebet
Vaterunser
Segen
Lied/Musik

Musik

Musik bringt die Seele zum Klingen. Nicht immer gibt es jemanden, die Klavier, Gitarre oder ein anderes geeignetes Instrument zur Begleitung des Gesangs spielt. Daher ist es hilfreich, sich mit geeigneter Musik auszustatten. Dazu gehören alte und neue Kirchenlieder, klassische Musik und mehr. Es gibt eine Reihe von CDs mit religiösen Liedern zum Mitsingen oder Anhören (inklusive Glockenläuten für den Beginn). Im Anhang findet sich eine Zusammenstellung geeigneter CDs. Über Musikstreaming-Dienste kann zwar auf eine Vielzahl unterschiedlicher Musik zugegriffen werden, aber religiöse Musik ist in diesem Sektor eher spärlich vertreten. Es ist sinnvoll, selbst CDs vorzuhalten. Die können auf das Handy oder IPad geladen und über einen Lautsprecher abgespielt werden. Für jede Andacht schlage ich drei bis vier zum Thema passende Lieder oder Musikstücke vor.

Aufbau

In der Einführung zu jeder Andacht gebe ich zunächst einen Überblick, worum es geht. Ich liste das Material auf, das benötigt wird, gegebenenfalls auch mit einem Link zum Bestellen. Nur wenige Male ist die Vorbereitung etwas aufwendiger. Für jede Andacht ist ein Psalm oder Bibeltext vorgesehen, auf den in der Ansprache Bezug genommen wird. Ein Psalm, der in einer Übertragung vorgeschlagen wird, ist abgedruckt. Den Abschluss bildet die ausformulierte Kurzansprache. Ein Gebet ist nicht vorgeschlagen. Es kann frei aus dem Thema der Ansprache, der Gespräche, der aktuellen Situation und der Befindlichkeiten der Bewohnerinnen entwickelt werden. Inhaltlich orientieren sich die Andachten zunächst an den Kirchenjahreszeiten und an jahreszeitlichen Themen. Weiter gibt es Andachten zu besonderen Geschichten, Themen oder Symbolen.

Alle Andachten sind im Altersheim »Haus Weinberg« erprobt und können so übernommen werden.

Ich benutze zur einfachen Lesbarkeit im ganzen Buch nur weibliche Bezeichnungen, da die meisten Teilnehmerinnen in den Andachten Frauen sind. Damit sind selbstverständlich auch Männer inkludiert.

1

WIR BEGRÜSSEN DEN ADVENT (1. ADVENT)

Einführung

Gemeinsam stimmen wir uns auf den Advent ein und »begrüßen ihn«. Der Altar ist geschmückt mit verschiedener Dekoration, die zum Advent gehört: z.B. ein Adventskalender, ein Stern, Figuren aus der Weihnachtskrippe, die schon auf dem Weg zum Geschehen am Heiligen Abend sind: Maria und Josef mit dem Esel und die Figuren der Drei Heiligen Könige. Darauf wird in der Begrüßung Bezug genommen.

Der Dezemberpsalm von Hanns Dieter Hüsch spricht von der Adventsfreude und vom Schmücken. Wie schmücken wir unsere Wohnungen oder Zimmer und bereiten uns auf die Ankunft Jesu vor? Der geschenkte Adventskalender steht symbolisch dafür, dass wir unsere Herzenstüren öffnen in der Erwartung auf die Geburt Jesu.

Material

Für jede Teilnehmerin einen Adventskalender
Eine Kopie des Psalms für alle als Postkarte oder mit Schokolade

Psalm

Dezember-Psalm (gemeinsam)

Hanns Dieter Hüsch: Dezember-Psalm aus: Hanns Dieter Hüsch/ Marc Chagall Das kleine Weihnachtsbuch, Seite 6, 2020/22,

Mit fester Freude
Lauf ich durch die Gegend
Mal durch die Stadt
Mal meinen Fluss entlang
Jesus kommt
Der Freund der Kinder und der Tiere
Ich gehe völlig anders
Ich grüße freundlich
Möchte alle Welt berühren
Mach dich fein
Jesus kommt
Schmück dein Gesicht
Schmücke dein Haus und deinen Garten
Mein Herz schlägt ungemein
Macht Sprünge
Mein Auge lacht und färbt sich voll

Mit Glück
Jesus kommt
Alles wird gut
(Hanns Dieter Hüsch)

Lieder

- Wir sagen euch an den lieben Advent (EG 17)
- Macht hoch die Tür (EG 1)
- Tochter Zion (EG 13)

Ansprache

Was für ein überschwänglicher Psalm! Hanns Dieter Hüsch hat ihn verfasst. Was für ein schönes Bild: Da läuft er fröhlich, übermütig und voller Erwartung durch die Stadt, ist wie verwandelt, denn Jesus kommt. Die Vorfreude ist übergroß. Sie verändert ihn. Er grüßt alle freundlich. Er möchte singen und springen, alle berühren. Er ist innerlich so bewegt, dass sich der Überschwang den Weg nach außen bahnt. Er strahlt, weil sein Herz übervoll ist. Und er sagt: »Mach dich fein, Jesus kommt. Schmück dein Gesicht. Schmücke dein Haus und deinen Garten.« Unsere eigene Erwartung im Advent ist meist innerlicher und stiller. Aber wir schmücken unsere Zimmer und Wohnungen. Auch draußen in der Stadt ist überall Adventsschmuck zu sehen. Was gehört für Sie dazu, wenn Sie Ihre Wohnung adventlich schmücken? *(Wir gehen ins Gespräch.)*

Für mich gehört in dieser Zeit auf jeden Fall ein Adventskalender dazu. Es gibt ja mittlerweile so viele verschiedene: mit Bildern, mit Schokolade, mit Sprüchen oder sogar mit längeren Texten. Wer von Ihnen hat schon einen? *(Wir gehen ins Gespräch, welche Adventskalender beliebt sind bei den Bewohnerinnen.)*

Ein Adventskalender zeigt Tag für Tag, wie die Zeit zusammenschmilzt und das Weihnachtsfest näherrückt. Jeden Tag gibt es schon eine kleine Überraschung, gern in Schokolade, damit das Warten auf diese Weise versüßt wird. Ich finde, dass Adventskalender symbolisch sehr anschaulich sind. Sie zeigen, worum es geht: Ich öffne meine Herzenstür jeden Tag erneut und vielleicht immer ein bisschen mehr, bis ich an Heilig Abend Jesus ganz in mein Herz schließen kann. In Jesus kommt Gott uns ganz nah.

Die Adventszeit ist eine besondere Zeit der Besinnung: Wie spüre ich Gott in meinem Leben? Wenn die Tage immer kürzer werden und die Dunkelheit immer vorherrschender, dann gehe ich mehr in mich und suche Stille und Frieden mit mir selbst und mit meinem Gott. Jede Tür des Adventskalenders eröffnet eine besinnliche und tiefe Zeit für das Geschenk, das vor uns liegt: Gott kommt zu uns und streckt uns in Jesus die Arme entgegen.

Lassen wir uns anrühren, lassen wir uns einladen, der Liebe nachzuspüren, nach der wir uns sehnen. Lassen wir das Licht in uns hinein scheinen und lassen wir uns erhellen von dem, der da kommt, auf den wir warten. Jede weitere Tür, die sich im Adventskalender öffnet, bringt uns dem großen Licht und der großen Liebe Gottes näher. Was für ein überwältigender und bedeutungsvoller Adventsschmuck, der uns in Richtung des Heiligen Abend begleitet!

2

DIE GESCHENKE DES NIKOLAUS (2. ADVENT)

Einführung

Um den 2. Advent herum ist Nikolaustag. Im Mittelpunkt der Ansprache steht eine eher unbekannte Geschichte vom Nikolaus. Sie erklärt, warum es die Tradition gibt, am Abend des 5. Dezember Schuhe vor die Tür zu stellen, die dann mit Süßigkeiten gefüllt werden. Wir kommen über diese Tradition ins Gespräch. Die Informationen zum Nikolaus werden hier als Begrüßung vorgeschlagen, können aber auch in die Ansprache integriert werden.

Material

Für jede Teilnehmerin einen kleinen Schokoladen-Nikolaus.

Lieder

- Die Nacht ist vorgedrungen (EG 16)
- Es kommt ein Schiff geladen (EG 8)
- Santa Claus is coming to town

Begrüßung

Vom Nikolaus weiß man nur wenig Gesichertes. Wir wissen, dass er im 4. Jahrhundert Bischof von Myra in der heutigen Türkei war. Als Sohn reicher Eltern soll er sein Erbe an die Armen verteilt haben. Weil er zu Lebzeiten so vielen Menschen half, wurde Nikolaus nach seinem Tod zum Volksheiligen der Seefahrer, Kaufleute, Kinder und sogar der Metzger.

Bis zur Reformation war der Nikolaustag und nicht das Weihnachtsfest der Tag der Bescherung. Erst Martin Luther führte wegen seiner kritischen Haltung gegenüber der Heiligenverehrung ein, dass das Christkind am 24. Dezember die Geschenke bringt.

Vom Nikolaus sind viele Geschichten überliefert. Wir werden eine Geschichte hören, die nicht so bekannt ist, die aber erklärt, warum Kinder ihre Schuhe am Vorabend des 6. Dezember vor die Tür stellen.

Ansprache

Welche Tradition zum Nikolaustag kennen Sie? *(Austausch)*
Ich kenne es so, dass ich als Kind am Abend vorher ein Paar Schuhe geputzt und sie dann vor die Tür gestellt habe. Natürlich habe ich die größten Stiefel genommen, die ich hatte. Am nächs-

ten Morgen waren sie dann gefüllt mit Süßigkeiten und kleinen Geschenken.

Später habe ich dann selbst die Schuhe von anderen gefüllt, von meinen Eltern zuerst, dann von meinem Mann und von meiner Tochter. Auch heute macht es mir Spaß, bei uns im Mietshaus an die Türklinke jeder Wohnung ein paar selbstgebackene Kekse oder Lebkuchen zu hängen.

Haben Sie das auch manchmal gemacht?

Erinnern Sie noch eine besondere Geschichte oder Situation in diesem Zusammenhang? *(Austausch)*

Das Schenken und auch das heimliche Schenken machen genauso viel Freude, wie ein Geschenk zu erhalten.

Dazu möchte ich Ihnen eine eher unbekannte Geschichte erzählen:

Es war einmal eine bitterarme Familie. Die Mutter war schon gestorben. Der Vater war sehr krank, so dass er nicht arbeiten gehen konnte. Er und die drei Töchter hatten nichts mehr zu essen und auch wenig anzuziehen. Eines Nachts polterte es vor der Haustür. Als die Kinder hinliefen, fanden sie einen großen Sack. Schnell holten sie ihn herein. Als sie ihn öffneten, sahen sie Brote und darunter Mehl. Sie konnten endlich ihren Hunger stillen und von dem Mehl noch eine Zeit lang selbst Brote backen. Wer hatte nur den Sack vor die Tür gestellt? Am nächsten Abend polterte es wieder vor der Tür. Schnell liefen sie zur Tür, aber sahen niemanden, nur wieder einen großen Sack. Als sie ihn öffneten fanden sie warme Kleidung und jubelten: »Endlich nicht mehr frieren!« Der Vater überlegte: »Vielleicht war es der Bischof Nikolaus? Von ihm erzählt man, dass er so vielen armen Menschen Gutes tut. Aber woher er uns und unsere Not wohl kennt?«

Am nächsten Abend beschlossen die vier, wach zu bleiben, um das Geheimnis zu lüften. Es wurde später und später, schließlich fielen ihnen doch die Augen zu, und sie schliefen ein. Doch plötzlich hörte der Vater ein Geräusch. Schnell sprang er aus dem Bett zur Tür und riss sie auf. Gerade sah er noch jemanden davoneilen. Er lief hinterher und tatsächlich: Es war der Bischof Nikolaus. Er holte ihn ein und fiel vor ihm auf die Knie und dankte ihm. Der lächelte nur und schickte den Vater schnell wieder nach Hause, damit er nicht noch kränker würde in der Kälte. Zu Hause angekommen, hatten schon die Töchter den Sack in die Wohnung gezogen und geöffnet. Und was war darin? Schuhe für die Kinder und auch für den Vater. Als sie die Schuhe anziehen wollten, ging das nicht. Da war noch etwas drin. Süßigkeiten und Äpfel und Nüsse! Was für eine große Freude! Bald wurde der Vater gesund und konnte wieder den Lebensunterhalt verdienen. Niemals vergaßen sie, was der Bischof Nikolaus ihnen geschenkt hatte, und sie erzählten es immer weiter. So kommt es, dass bis zum heutigen Tage diese Tradition aufrechterhalten wird. Und wir alle gern den Nikolaus spielen und Schuhe füllen.

Geschenke sagen etwas über die Beziehung zwischen Schenkendem und Beschenktem: Ich mache mir Gedanken um dich, ich möchte dir etwas schenken, weil du mir wichtig bist, weil ich dich liebhabe, weil ich mich über dich freue und mich freue, wenn du dich freust. Genauso auch: Ich schenke dir Zeit, ich sehe deine Not, ich frage nach dir.

Wir leben aus unseren Beziehungen. Beziehungen tragen uns durchs Leben, gerade wenn das Leben mal schwerer wird. Dann tut es gut, sich fallen lassen zu können und sich tragen zu lassen. Wenn so jemand da ist, der uns hilft, ist er oder sie ein riesiges Geschenk!

Nur jemand, die selbst wahrnimmt, wie beschenkt sie im Leben ist, gibt auch selbst gern Geschenke oder verschenkt sich selbst gern.

Auch der Glaube ist ein Geschenk, das wir uns weder kaufen noch verdienen können. Wohl dem, der offen für dieses Geschenk sein kann.

In der Adventszeit warten wir auf das größte Geschenk, das uns an Weihnachten erwartet: Gott wird Mensch und kommt zu uns in Gestalt eines kleinen Babys: Jesus Christus. Dieses Geschenk hat den Nikolaus zu seinen guten Taten bewegt.

Gott hält unsere Sehnsucht wach nach Frieden und einem erfüllten Leben, und Gott setzt uns immer wieder in Bewegung, dafür etwas zu tun. Auf dieses Geschenk warten wir immer wieder neu, so auch heute.

Möge Gott uns nahe sein, durch die Hände anderer Menschen, die uns Gutes tun, und denen wir Gutes tun. Möge Gottes Begleitung aufleuchten und spürbar werden durch die Begleitung und Beziehung, die uns andere Menschen schenken.

3

JOSEF TRÄUMT (3. ADVENT)

Einführung

Im Mittelpunkt steht die relativ unbekannte Geschichte von Josef, der fliehen will, als er von Marias Schwangerschaft erfährt. Im Traum erscheint ihm ein Engel, der ihm Mut macht zu bleiben.

Material

Glöckchen und Zimbeln zum Mitspielen beim Lied »Hört der Engel helle Lieder«. (Wer mag, darf ein Glöckchen in die Hand nehmen und in die »hellen Lieder« mit einstimmen. Es wird direkt vor dem Lied angekündigt und an die verteilt, die das gern möchten.)
Kopie des Psalms

Psalm 63

In der Übertragung von Jörg Zink

Mein Gott, dich suche ich. Meine Seele verlangt nach dir.
Ich dürste nach dir wie trockenes Land nach dem Regen.
Ich schaue nach dir, deine Nähe zu erfahren.
Denn deine Güte allein gibt meinem Leben Sinn.
So will ich dich rühmen mein Leben lang
Und meine Hände ausstrecken nach dir, der so nahe ist,
und dich mit ganzem Herzen preisen.
Wenn ich mich zu Bette lege, so denke ich an dich.
Wenn ich wach liege, sinne ich deinem Geheimnis nach.
Denn du bist mein Helfer, in deinem Schutz bin ich glücklich.
Meine Seele hängt an dir, und deine Hand ist mein Halt.
Amen.

Bibeltext

Mt 1,18-25 Josefs Traum

Lieder

- Wir sagen euch an den lieben Advent, 1-2 (EG 17)
- Hört der Engel helle Lieder (EG 54)
- Es kommt ein Schiff geladen (EG 8)
- O Heiland, reiß die Himmel auf (EG 7)

Ansprache

Engel gehören zur Advents- und Weihnachtszeit. Sie haben zwar das ganze Jahr über Saison, aber im Dezember sind besonders viele von den Engeln unterwegs.

Ich selbst mag besonders gern die Engelorchester aus dem Erzgebirge, vielleicht kennen Sie die auch? Ich habe eins bei mir zu Hause aufgebaut. Haben Sie auch Engel bei sich im Zimmer stehen?

(Austausch: Wie sehen Ihre Engel aus, woher haben Sie die ...?)

Heute möchte Ihnen gern eine adventliche Geschichte erzählen. Sie steht aufgeschrieben im 1. Kapitel des Matthäus-Evangeliums und erzählt von einer besonderen Engelbegegnung:

Maria war mit Josef verlobt. Als deutlich wurde, dass Maria schwanger war, trug sich Josef mit dem Gedanken, sie zu verlassen und fortzulaufen. Er hatte Angst.

Da träumte er eines Nachts, dass ihm im Traum ein Engel erschien. Der sprach zu ihm: »Josef, du Nachkomme Davids, fürchte dich nicht, Maria zu dir zu nehmen. Das Kind, mit dem sie schwanger ist, kommt von der Heiligen Geisteskraft. Maria wird einen Sohn gebären, und du sollst ihm den Namen Jesus geben. Er wird sein Volk retten von ihren Sünden. Das alles ist geschehen, damit sich erfüllt, was Gott durch die Propheten gesagt hat: ›Seht, die junge Frau wird schwanger werden und einen Sohn gebären und sie werden ihn beim Namen Immanuel rufen, das bedeutet: Gott ist mit uns.‹«

Da stand Josef aus seinem Schlaf auf und tat, was ihm der Engel Gottes aufgetragen hatte, auch wenn er vermutlich das alles nicht so ganz verstanden hat, was er gehört hatte. Er blieb.

Ich weiß nicht, ob Sie die Geschichte, die ich eben erzählt habe, schon kannten. Sie ist eine der wenigen biblischen Geschichten, die zum Umfeld der Empfängnis und der Geburt Jesu gehören.

Es gibt ein Element, das alle diese Geschichten verbindet: nämlich das Erscheinen von Engeln.

In jeder dieser Erzählungen spielen Engel eine wichtige Rolle. Engel, die plötzlich aus dem Nichts, aus dem Himmel oder im Traum erscheinen und zu Josef oder Maria sprechen.

Am Anfang der Botschaft, die die Engel verkünden, ist immer der eine Satz zu hören: »Fürchte dich nicht!« Und auch in dieser Geschichte ist es so: »Fürchte dich nicht!«, spricht der Engel. Denn Josef hat große Angst! Weil Maria, seine Verlobte, schwanger ist. Das ist eine beängstigende Situation für beide.

Ich denke, dass Maria und Josef sich beide große Sorgen und viele Gedanken machen. Josef möchte am liebsten fortlaufen. Da erscheint ihm der Engel im Traum und beruhigt ihn, macht ihm Mut. Der Engel erklärt: »Alles, was geschieht, ist schon lange von den Propheten angekündigt und hat schon seine Richtigkeit. Und du, Josef, sollst dem Baby einen Namen geben: Jesus. Das heißt Gott ist mit uns.«

Das scheint Josef zu beruhigen und ihm die Angst zu nehmen. Aus seiner Engelbegegnung im Traum geht er gestärkt hervor. Er bleibt bei Maria, er läuft nicht weg, er hält zu ihr. Der Engel hat ihm Hoffnung gegeben und ihn gestärkt.

Zwei lernen sich kennen und lieben und ein Baby entsteht, oft ungeplant. Das ist dann alles nicht einfach, Ängste sind da: Werden wir das schaffen? Vielleicht kommt Ihnen das bekannt vor. In Ihrer Generation kamen die Babys meist ungeplant. Und auch heute kann es trotz diverser Verhütungsmöglichkeiten dazu kommen. Früher war das dann häufig ein Grund zum Heiraten. Aber manchmal verschwanden auch die Männer, und die Frauen blieben schwanger allein zurück. Ich vermute, dass Sie aus Ihrem Umfeld, im Freundes- oder Verwandtenkreis auch solche Erfahrungen kennen, oder?

(Raum für Kommentare und Erinnerungen der Bewohnerinnen.)

Zuerst Maria und jetzt auch Josef hören von Engeln die Zusage: »Fürchte dich nicht. Ich bin bei euch.« Engel stärken dich und machen dir Mut: Gott ist mit dir, egal, was kommen mag.

Passen Engel zu uns aufgeklärten Menschen?

Ich denke, dass Engel uns daran erinnern, dass es mehr zwischen Himmel und Erde gibt, als wir wahrnehmen können.

Im Bild der Engel verdichten sich Glaube, Liebe und Hoffnung. Ich glaube, dass die Wirklichkeit größer ist als das, was wir mit unseren Sinnen wahrnehmen können.

Ich vertraue der Liebe Gottes, die uns jetzt hier im Leben durch schwere Zeiten tragen kann. So möchte ich Ihnen heute in dieser Andacht einen »inneren« Engel mitgeben, der Sie begleitet und tröstet, der Ihnen Mut und Hoffnung macht, und zu Ihnen sagt: Fürchte dich nicht! Egal, was auf dich zukommt und dich ängstigt: Ich bin bei dir und helfe dir.

4

UND DAS BABY HÜPFTE (4. ADVENT)

Einführung

Mit der Geburt eines Babys werden häufig große Hoffnungen verbunden. Bei uns ist das nicht anders als bei Elisabeth und Maria, um deren Begegnung es in dieser Andacht gehen soll. Freuen wir uns mit ihnen!

Bibeltext

Lk 1,39-45 Maria besucht ihre Cousine Elisabeth

Lieder

- Macht hoch die Tür (EG 1)
- Wie soll ich dich empfangen (EG 11)
- Es kommt ein Schiff geladen (EG 8 = ursprünglich altes Marienlied)

Ansprache

Die Adventszeit ist eine Zeit der Besinnung und der Erwartung. Und auch die Jahreszeit lädt dazu ein, sich in die eigenen vier Wände zurückzuziehen, ruhig zu werden und sich eine Kerze anzuzünden. Vielleicht noch ein bisschen schöne Musik zu hören und adventliches Gebäck zu knabbern. Besonders schön ist es auch, das mit jemand anderem zu teilen und beieinander zu sein.

Wir haben in der Lesung von Maria und Elisabeth gehört. Elisabeth ist in hohem Alter und Maria in zartem Alter gerade schwanger geworden, Maria viel zu früh und beide völlig unerwartet. Beide haben sicherlich das Bedürfnis, sich auszutauschen. Maria nimmt einen beschwerlichen Weg in Kauf, um bei ihrer Verwandten Elisabeth zu sein. Zwei Frauen, beide unerwartet schwanger, eine nach dem Ende ihrer Fruchtbarkeit, die andere ganz am Anfang. Für Elisabeth kommt die lang ersehnte Schwangerschaft viel zu spät, für Maria kommt die Schwangerschaft viel zu früh. Beide horchen in sich hinein. Beide erwarten nun ihre Babys fröhlich, nachdem sie beide erst mit der unerwarteten Schwangerschaft klar kommen mussten!

Maria kommt und begrüßt Elisabeth, und das Baby in Elisabeths Bauch hüpft vor Freude in ihrem Leib! Was für ein Bild! Nicht nur die Frauen freuen sich, sondern auch schon das Baby. Elisabeth spürt, dass es bei Maria nicht einfach nur um ein Baby geht, das geboren wird, sondern dass Maria auserwählt ist, Gottes Kind, ja Gott selbst, ins Leben zu bringen. Sie spürt: Hier geht es um mehr, das auch für viele andere Menschen, nämlich für sie selbst und für das Volk Israel von Bedeutung sein wird. Und für alle, die nach ihnen kommen.

Am 4. Advent sind wir selbst schon kurz davor, die Geburt Jesu zu feiern. Die Vorfreude auf den Heiligen Abend ist auch schon bei uns groß! Nicht umsonst heißt der Wochenspruch, der zum

4. Adventssonntag gehört: »Freuet euch in dem Herrn allewege, und abermals sage ich: Freuet euch! Der Herr ist nahe!« (Philipper 4,4.5b) Worauf freuen Sie sich im Moment? *(Austausch)*

Alle freuen sich! Jesus wird erwartet: nicht nur von seiner Mutter Maria, sondern auch von dem ungeborenen Johannes und seiner Mutter Elisabeth. Elisabeth bricht in Jubel aus, denn sie spürt: Hier geht es um mehr als um irgendeine beliebige normale Geburt. Es geht um Gott, der sich so den Weg in die Welt verschafft. Diese Schwangerschaft von Maria hat besonders angefangen und verheißt eine göttliche Fügung.

Ich denke, dass die beiden Frauen viel zu erzählen haben. Elisabeth freut sich über Maria, der Gottes Gnade buchstäblich unter die Haut gegangen ist. Sie teilen ihre Hoffnung auf einen neuen Anfang, für sich, aber auch für das ganze Volk Israel. Und Maria jubelt: »Gott hat mich auserwählt, mich, die kleine unbedeutende Maria, eine von vielen. Gott wird in mir groß und mächtig und wird bei unserem Volk sein und uns stärken und trösten und für Gerechtigkeit sorgen.«

Wenn ein Kind geboren wird, dann fiebern alle mit, die darum wissen. Eine freudige Erwartung! Und auch wir selbst wurden alle hoffentlich auch mal freudig erwartet vor unserer Geburt! Und wir haben auch so manche Geburt eines Babys erwartet, eines eigenen Babys oder eines von Verwandten. Wie schön ist das, sich daran zu erinnern!

An eine Geburt knüpfen sich Hoffnungen. Die Erwartungen von Maria und Elisabeth treffen zusammen mit den Erwartungen eines ganzen Volkes auf Rettung, auf Heil, auf einen Friedensbringer. Eine besondere Geburt, eine besondere Erwartung!

Wir warten heute immer wieder mit auf den, der da kommt und uns und der Welt Frieden bringt. Hoffnung und Erwartung und Freude teilen wir mit Elisabeth und Maria.

Nach dem Besuch bei Elisabeth kehrt Maria nach Hause zurück. Und die Geschichte von Gottes Heil für uns Menschen geht mit den beiden Frauen, Elisabeth und Maria, den Müttern von Johannes dem Täufer und Jesus weiter. Und auch mit uns geht sie weiter, immer wieder neu, wenn wir in ein paar Tagen die göttliche Geburt feiern und unsere Hoffnungen in sie legen.

5

DER WEIHNACHTSBAUM HAT EINEN NAMEN (HEILIG ABEND/WEIHNACHTEN)

Einführung

In der Ansprache geht es um den »perfekten« Weihnachtsbaum, den wir uns wünschen. Ich erzähle eine persönlich erlebte Geschichte, die beim Halten der Ansprache einfach auf »Freunde« übertragen werden kann. Der Weihnachtsbaum hat einen Namen, nämlich Christbaum, in den wir Hoffnung für unser Leben legen.

Bibeltext

Lk 2,1-20 Geburt Jesu

Lieder

- O Tannenbaum (darauf wird in der Ansprache Bezug genommen)
- Wisst ihr noch, wie es geschehen (EG 52)
- Herbei, o ihr Gläub'gen (EG 45)
- O du fröhliche (EG 44)

Ansprache

Stellen Sie sich vor: Im Hochsommer kommt jemand zu Ihnen und sagt: »Mach mal die Augen zu!« Dann fragt er: »Was siehst du vor deinem inneren Auge, wenn ich dir das Stichwort ›Weihnachten‹ gebe?«

Welches Bild taucht da bei Ihnen als erstes auf? *(Austausch)*

Ich vermute mal, dass vielen von uns der Weihnachtsbaum vor dem inneren Auge erscheinen würde! Weihnachtsbäume gehören nicht nur in unseren Breiten dazu, damit es so richtig weihnachtlich wird. Auch auf der anderen Erdhalbkugel, wo es eher sommerlich warm ist, werden im Dezember Tannenbäume aufgestellt.

Und wenn wir uns hier einen Tannenbaum kaufen, dann haben wir meist ganz bestimmte Vorstellungen von einem idealen und perfekten Tannenbaum: Schön dicht soll er sein, aber nicht zu dicht, damit die Kugeln auch noch gut dazwischenhängen können.

Gleichmäßig von unten nach oben immer schmaler werdend, damit die Kerzen auch schön darauf halten. Nicht zu groß, nicht zu klein, damit er den Raum zwischen Fußboden und Decke genau richtig ausfüllt. Der Tannenbaum-Kauf ist also eine richtige Kunst. Bis zur Entscheidung, welcher Baum gekauft wird, kann es schon mal richtig lange dauern.

Als mein Mann und ich vor vielen Jahren eine erste gemeinsame Wohnung hatten, sollte zu Weihnachten ein Weihnachtsbaum her.

Wir gingen zu einem Weihnachtsbaum-Verkaufsstand an einer U-Bahn und suchten uns ein Bäumchen aus, das uns gefiel und auch schön billig war, genau richtig für das studentische Portemonnaie.

Wir stiegen mit dem Bäumchen in die U-Bahn, um ihn nach Hause zu transportieren. Als wir ausstiegen, blickte ein anderer Fahrgast abfällig auf unser Bäumchen und sagte nur ein Wort: »Krüppelkiefer«.

Wir waren natürlich empört! Als Trost für unser Bäumchen gaben wir ihm sofort einen Namen – einen Vor- und Nachnamen wohlgemerkt: »Kurti Kiefer«. Diese liebevolle Tradition haben wir dann viele Jahre beibehalten. Fast menschlich – könnte man denken. Denn Vor- und Nachnamen, das gehört zu uns Menschen.

Die damalige Namensgebung hat mich später ins Nachdenken gebracht. Was damals aus einer Laune heraus entstanden ist, hat eine tiefere Bedeutung bekommen.

Ein Weihnachtsbaum ist für mich ein Sinnbild für unser menschliches Leben geworden, das ja auch selten ideal verläuft: In unserem Leben gibt es trotz aller glücklichen Momente, Erfolge und wunderbaren Fügungen doch auch Situationen, die nicht gradlinig oder perfekt verlaufen: Da gibt es im übertragenen Sinne Zweige, die abbrechen, da gibt es Lücken und Defizite. Da wächst mal etwas krumm, da gibt es Narben, die anzeigen: Hier war mal eine Verletzung, eine tiefe Wunde, die mich geschwächt hat. Das bleibt in Erinnerung. Das bleibt sichtbar. Ein Tannenbaum hat auch eine Wachstumsgeschichte. Er hat vieles gemeinsam mit unserem menschlichen Leben.

Eigentlich hat unser Weihnachtsbaum ja sowieso einen Namen. Er heißt ja auch »Christbaum«.

Benannt nach Jesus Christus, dessen Leben äußerlich überhaupt nicht ideal verlaufen ist, weder am Anfang noch am Ende: Gezeugt wurde er in unklaren Verhältnissen, geboren in einem Stall, gelegt in eine Futterkrippe für Tiere, als Baby schon mit seinen Eltern auf der Flucht, er hatte später keinen festen Wohnsitz, und in der Mitte seines Lebens wurde er hingerichtet wie ein Verbrecher am Kreuz.

Kein idealer Lebenslauf! Sein Lebensrahmen war eher versehen mit vielen Wunden und mit Abbrüchen. Im Gegensatz dazu steht die heilsame frohe Botschaft von Gott, die Jesus verkündet und gelebt hat.

Und nun also: der Christbaum. Wenn ich mir ihn anschaue und lausche, dann höre ich ein leises Flüstern, das aus dem Baum zu vernehmen ist: »Ich sehe dich, so wie du bist. Ich habe dich lieb, so wie du bist. Ich sehe deine Schmerzen, deine Verwundungen, ich sehe deine Traurigkeiten, deine Einsamkeit und deine Ängste. Ich will dir Hoffnung geben. Komm zu mir, ich will dir Trost und Kraft geben. Hoffnung auf Zukunft! Heute ist ein Anfang: Ich werde in dir geboren, du sollst nicht alleine weitergehen. Der Stern von Bethlehem steht auch vor deiner Geburt. Nimm Liebe, Glauben und Hoffnung an für dich, für dein weiteres Leben.«

Wer spricht da durch den Baum zu uns? Vielleicht ist es das Kind in der Krippe und dadurch Gott. Ja, so muss es sein.

Als immergrüner Baum hält der Christbaum die Hoffnung wach auf gelingendes und erfülltes Leben, das von Gott gesehen und angesehen ist. Das bekannte Lied »O Tannenbaum« erzählt davon:

»O Tannenbaum, o Tannenbaum, wie grün sind deine Blätter«. In der letzten Strophe heißt es: »Die Hoffnung und Beständigkeit gibt Trost und Kraft zu jeder Zeit.«

6

JAHRESRÜCKBLICK MIT DEN SYMBOLEN STEIN UND HERZ (JAHRESWECHSEL)

Einführung

Die Teilnehmerinnen erhalten während der Ansprache einen Stein und ein Herz. Sie werden eingeladen als Jahresrückblick Belastendes, das sie beschwert hat, und Schönes, das ihr Herz erfreut hat, bei meditativer Musik zu bedenken und gegebenenfalls zu benennen. Die Erinnerungen werden symbolisch mit Stein und Herz auf dem Altar abgelegt.

Material

Für jede Teilnehmerin einen Stein und ein Herz aus einem beliebigen Material, z.B. aus Plastik oder Glas. Für den Altar einen Stein und ein Herz, die etwas größer und gut für alle sichtbar sind. Ein Körbchen für die Steine und Herzen. Eine Kerze, die am Ende der Ansprache entzündet wird.

Psalm

Ps 121 (gemeinsam)

Lieder

- Von guten Mächten (EG 65)
- Befiehl du deine Wege (EG 171)
- Ach bleib mit deiner Gnade (EG 347)
- Meine Zeit steht in deinen Händen (in: »Himmel, Erde, Luft und Meer«, Beiheft zum Ev. Gesangbuch der Nordkirche, Nr. 135; CD: Meine Zeit steht in deinen Händen [Paulaner Band])
- Meditative Musik, live oder zum Beispiel Klaviermusik von Yiruma

Ansprache

Im Übergang vom alten zum neuen Jahr möchte ich Sie einladen, zurückzuschauen auf das Jahr, das hinter uns liegt. Sie sehen vorn auf dem Altar einen Stein und ein Herz liegen. Der Stein steht für das, was im zu Ende gehenden Jahr schwer war. Was hat Sie bekümmert, was hat Sie beschwert? Mussten Sie sich von jemandem verabschieden, mussten Sie mit einer Krankheit fertig werden, hat Sie jemand verletzt, gab es Streit? Oder haben Sie selbst sich Steine in den Weg gelegt, eine Chance zur Versöhnung verpasst oder sich anders selbst im Weg gestanden? Ich komme jetzt zu Ihnen und lege Ihnen einen kleinen Stein in die Hand. Nehmen Sie sich Zeit, und spüren Sie Ihren Erinnerungen nach. Was hat Sie in diesem Jahr beschwert? *(Bei meditativer Musik lege ich allen einen Stein in die Hand.)*

Das Herz steht für das, was Ihr Herz erfreut hat. Was hat Ihnen große Freude bereitet, oder was war für Sie herzerfrischend? Gab es überraschende herzerwärmende Begegnungen? Gab es ein besonderes Geschenk, sei es die Geburt eines Enkelkindes oder konnten Sie selbst ein besonderes Fest feiern oder bei jemandem anders mitfeiern? Haben Sie jemanden kennengelernt? Haben Sie Trost in einer dunklen Stunde erfahren? Was haben Sie erlebt, was nicht selbstverständlich ist? Was hat Ihren Alltag zum Leuchten gebracht?

Ich möchte Ihnen jetzt ein Herz in die Hand legen. Nehmen Sie sich die Zeit, Ihren Erinnerungen nachzuspüren. Vielleicht fällt Ihnen die eine oder andere Begebenheit ein, die Ihr Herz erfreut hat. *(Bei meditativer Musik lege ich allen ein Herz in die Hände.)*

Nun haben Sie beides bedacht, das Schwere und das Schöne aus dem vergangenen Jahr. Ich möchte jetzt gern mit einem Körbchen herumkommen. Ich lade Sie ein, beides, den Stein und das Herz, in den Korb zu legen. Wenn Sie mögen, dann sagen Sie gerne etwas dazu, was Ihnen als Erinnerung zum Stein und zum Herz in den Kopf gekommen ist. Sie müssen natürlich nichts sagen, wenn Sie nicht möchten. *(Ich gehe rum und sammle Gegenstände und Erinnerungen ein.)*

Nun lege ich das Körbchen mit den Steinen und den Herzen auf dem Altar ab. Ich lege beides so in Gottes Hände: Möge Gott uns das Schwere abnehmen und bei sich aufheben und uns entlasten. Für das Schöne und Herzerwärmende danken wir Gott von Herzen. Wir danken Gott für die Bewahrung und Begleitung in diesem Jahr und bitten: »Gott, segne und behüte unseren Ausgang aus dem alten Jahr und unseren Eingang in das neue Jahr! Unsere Zeit steht in deinen Händen.«

Und das neue Jahr? Was wird uns begegnen? Werden sich unsere Hoffnungen erfüllen? Ich zünde diese *Kerze* an als Hoffnungslicht für ein erfülltes, friedvolles und gesegnetes neues Jahr: Für uns selbst, für die Menschen, die mit uns leben und mit denen wir verbunden sind, sowie für alle Menschen weltweit.

7

DAS SCHÖNSTE WEIHNACHTSGESCHENK (6. JANUAR – EPIPHANIAS)

Einführung

Die Ansprache nimmt Bezug auf die symbolisch verstandenen Geschenke der Weisen aus dem Morgenland. Der Schwerpunkt liegt auf dem Geschenk der Myrrhe für Jesus den Heiler. In der Begrüßung kann schon auf die Geschenke Gold, Weihrauch und Myrrhe hingewiesen werden. Gegebenenfalls können sie auf dem Altar Platz finden und zu Beginn der Ansprache herumgereicht werden. Am Ende der Ansprache biete ich an, die Anwesenden unter Handauflegung zu segnen. Geht das nicht, dann spreche ich den Segen und lade dazu ein, ihn bei geschlossenen Augen zu empfangen.

Material

Etwas aus Gold, ein Ring zum Beispiel, oder goldfarbene Steinchen

Weihrauch (Körner aus Harz, ggfs. in der kath. Nachbargemeinde fragen)
Myrrhe (als flüssiges Arzneimittel gegen Entzündungen im Mundraum in der Apotheke erhältlich)

Bibeltext

Mt 2,1-12 Die Weisen aus dem Morgenland

Lieder

- Wie schön leuchtet der Morgenstern (EG 70)
- Wir strecken unsre Hände aus wie leere Schalen (EG 600)
- Bewahre uns, Gott, behüte uns, Gott (EG 171)

Ansprache

Was war Ihr schönstes Weihnachtsgeschenk? War es etwas Materielles? Etwas, das Sie sich schon lange gewünscht hatten? Oder ein Überraschungsgeschenk, auf das Sie nie und nimmer gekommen wären, worüber Sie sich aber riesig gefreut haben?

Oder war es ein Beziehungsgeschenk? Zeit gemeinsam mit jemandem verbringen und etwas Schönes gemeinsam machen? Oder war es einfach die Zeit, die Sie an Weihnachten mit jemandem verbinden konnten, die Sie lange nicht gesehen haben? Geteilte Zeit? Vielleicht gibt es ja auch von allem etwas, das eine gelungen und erfüllte Zeit an Weihnachten ausmacht. (*Austausch*)

Von Jesus wird uns auch berichtet, dass ihm Geschenke gebracht werden. Die Weisen aus dem Morgenland bringen sehr kostbare Geschenke: Gold, Weihrauch und Myrrhe.

Diese drei Geschenke haben symbolischen Charakter. Gold ist ein Hinweis auf die königliche Macht, die Jesus zugeschrieben wird. Weihrauch betont seine priesterliche Funktion. Und Myrrhe bezieht sich auf Jesus, den Heiler, den Arzt. Die drei materiellen Geschenke sind also auch ein Hinweis auf eine besondere Art der Beziehung, in der Jesus zu uns steht. Sie geben einen Hinweis darauf, wer Jesus heute für uns ist oder sein kann.

Gold, Weihrauch und Myrrhe. Welches Geschenk war wohl das größte, das wichtigste? Spontan denke ich: Es war die Myrrhe. Jesus der Heiler. Das ist das Zentrum. Seine Heilungen haben damals bekannt gemacht und Menschen angezogen, die Heilung für Körper und Seele suchten.

Wer an Körper oder Seele krank ist, der leidet, hat Schmerzen und fühlt sich schnell ausgeschlossen, nicht mehr angesehen, nicht mehr im Blick. Medizinisch ist ja heute vieles möglich, aber es gibt eben auch Grenzen. Wer krank ist, fühlt sich leicht einer Ohnmacht ausgesetzt und ist hilflos, wenn nichts mehr geht. Manche Freunde und Freundinnen trauen sich nicht mehr, sich zu melden. Wie können wir schwere Diagnosen und manchmal auch Hoffnungslosigkeit aushalten? Für die Erkrankten ist die Folge Einsamkeit, auch Scham und Verzweiflung.

Wer mag noch hinschauen, wer mag noch begleiten, wer ist da? Die engsten Vertrauten sind da und kommen dabei manchmal auch an ihre Grenzen. Das ist so schmerzlich! Woher kommt mir Hilfe? Was tut gut?

Welche Bedeutung kann unser Glaube für Heilung und für Genesung spielen? Ihm kommt eine große und tragende Kraft zu! Ein Gebet tut gut, in das wir alle Verzweiflung und Hoffnung legen können. Ein Zuspruch im Segen unter Handauflegung kann stärkend wirken. Ein Wort kann heilende Bedeutung bekommen. Worte und Bibelverse, die eventuell vertraut sind, die Hoffnung geben und Glauben stärken, sind der Heilung förderlich. Unser Glaube verheißt: »Es sind Wunder möglich. Du, Mensch, bist mehr als deine Krankheit, du bist Gottes geliebtes Kind, du bist angesehen und gesegnet, du bist nicht allein. Gott spricht: Ich bin da, ich begleite dich.« Wohl dem, der glaubt. Und wohl der, die Menschen hat, die sich kümmern und auch vom Glauben sprechen.

Jesus ist der Arzt, er ist der Heiler, der sich von den drängenden Bitten nach Heilung berühren lässt. Er lässt sich berühren und berührt andere und heilt. Viele Menschen, Männer und Frauen, kamen zu Jesus und baten ihn um Heilung für sich oder für andere. Ihre Bitten wurden erhört.

Wie ist es heute? Woher erhoffen wir uns Hilfe? Welches Geschenk erhoffen wir heute von Jesus Christus? Gold – Weihrauch – Myrrhe? Ein Wort oder ein Satz kann alles verändern. Ein Zuspruch kann heilend sein. Wie oft erlebe ich es, dass zum Beispiel ein gesprochenes Segenswort mit Handauflegung die Heilung unterstützt. Lass dich anrühren, im Moment des Segens steht die Zeit still. Da fließt göttliche priesterliche und heilende Energie vom Himmel zu uns. Da ist Gott ganz nah. Da geschieht Heilung.

Ich möchte jetzt gern einen Segen für Sie sprechen und bitte Sie, die Augen zu schließen, wenn Sie mögen. *(Wenn es möglich ist, dann gehe ich zu jeder Einzelnen und spreche den Segen unter Handauflegung. Wenn das nicht geht:)* Stellen Sie sich vor, dass ich meine Hände auf Ihren Kopf lege. Spüren Sie den leichten Druck und die Wärme. Lassen Sie die Worte direkt in Ihr Herz fließen: »Gott segne und behüte dich. Gott schaue dich freundlich an und sei dir gnädig. Gott sei dir nahe und durchströme dich mit heilender Wärme. Frieden sei mit dir.

Amen.«

8

HAND IN HAND – EIN ZWIEGESPRÄCH

Einführung

Anknüpfend an die Betrachtung unserer eigenen Hände kommt ein Zwiegespräch zwischen einer kleinen und einer großen Hand zu Gehör. Beide Hände brauchen einander. Geben und nehmen ist eins. Wir können nur in menschlichen Bildern von Gott reden. Die Rede von der Hand Gottes (zum Beispiel in Vers 5 von dem gemeinsam gesprochenen Psalm 139) drückt unsere Erfahrungen mit Gott und unsere Sehnsüchte aus.

Material

Kopie des Liedes »Wie ein Wind, der leise weht« (aus: »Kommt atmet auf«. Liederheft für die Gemeinde, Gottesdienstinstitut Nürnberg), Kopien von Psalm 139,1.3-10

Psalm

Ps 139,1.3-10 (gemeinsam)

Lieder

- Laudate omnes gentes (EG 181.6)
- Gott hält die ganze Welt in seiner Hand
- Gott gab uns Atem (EG 432)
- Wie ein Wind, der leise weht (CD: Kommt atmet auf, gleichnamiges Gesangheft)

Ansprache

Ich lade Sie ein, sich mal Ihre Hand oder Ihre Hände etwas genauer anzuschauen. Was sehen Sie? *(Austausch)*

Hände, die viele Aufgaben hatten und haben, Hände, die vieles tun.

Was haben Sie heute schon alles mit Ihren Händen getan?

Was machen Sie am liebsten mit Ihren Händen? Heute oder auch früher? *(Austausch)*

Wenn eine Hand mal außer Gefecht ist und ausfällt, nicht benutzt werden kann, dann fällt uns meist erst auf, wofür wir die Hand ständig brauchen!

Ich möchte Ihnen eine kleine Geschichte erzählen, die die Form eines Zwiegesprächs hat (nach Gerhard Kiefel):

Es sagte einmal eine kleine Hand zur großen Hand:
Du, große Hand, ich brauche dich.
Ich brauche dich,
weil ich mich bei dir wohlfühle
und bei dir sicher bin.
Ich spüre dich, wenn ich wach werde
und du dann bei mir bist.

Ich spüre dich wenn ich Hunger habe
und du mir zu essen gibst.
Ich spüre dich,
wenn ich mit dir spazieren gehe,
und du mir die Welt zeigst.
Ich spüre dich, wenn ich Angst habe und traurig bin
und du mich tröstest.
Ich spüre dich,
wenn ich müde bin und du mich trägst.
Ich bitte dich,
bleibe in meiner Nähe und halte mich.

Und es sagte die große Hand zur kleinen Hand:
Du, kleine Hand, ich brauche dich.
Ich brauche dich,
weil ich mich bei dir wohlfühle
und dich lieb habe.
Ich spüre dich, wenn ich mit dir spielen, lachen und toben kann.
Ich spüre dich,
wenn ich dir kleine Griffe zeigen kann, die du lernen willst.
Ich spüre dich,
wenn ich müde und traurig bin
und du mich wieder froh machst.
Ich bitte dich,
bleibe in meiner Nähe und halte mich.

Ich mag dieses Zwiegespräch zwischen den beiden Händen, der kleinen und der großen. Ich stelle mir vor: Mal gehört mir die kleine Hand, mal die große. Wir sind aufeinander angewiesen, und sogar die große Hand ist auf die kleine angewiesen und erfährt Trost und Halt durch sie.

Unser Leben besteht aus Geben und Nehmen. Hand halten und sich vertrauensvoll in die Hände anderer begeben, das ist auch Alltag hier im Altenheim. Aufeinander angewiesen sein und sich gehalten fühlen von Menschen und von Gott. Das schenkt Geborgenheit, Wärme und Trost aus. Jemanden spüren, hautnah, nicht allein sein. Im übertragenen Sinne kann die große Hand auch die Hand Gottes bedeuten, die uns hält und begleitet.

Es gibt viele Bibelverse, die von der Hand Gottes sprechen. In dem Psalm 139, den wir gerade gemeinsam gebetet haben, heißt es: »Von allen Seiten umgibst du mich, Gott, und hältst deine Hand über mir.« Die Hand Gottes ist ein Bild für den Schutz, den wir uns wünschen, für die Sehnsucht nach Getragen-Werden. Es gibt einen Spruch, der sagt: »Du kannst nicht tiefer fallen als in Gottes Hand.«

Die Hand ist auch ein Bild für Segen und Geborgenheit. Wir können nur in menschlichen Bildern von Gott reden, die uns vertraut sind und sie übertragen.

In dem Gesangbuchlied »Gott gab uns Atem, damit wir leben« heißt es in der 3. Strophe: »Gott gab uns Hände, damit wir handeln« und weiter: »Gott will mit uns die Erde verwandeln. Wir können neu ins Leben gehn.«

Hände handeln. Mit unseren Händen bauen wir mit am Reich Gottes, wir sind Mitarbeiterinnen und Mitarbeiter an Gottes Zukunft hier auf Erden.

Gott begleite uns auf unseren Wegen und halte seine Hand über uns. Ich möchte gern das Lied mit Ihnen singen oder von der CD abspielen: »Wie ein Wind, der leise weht«. Wenn Sie die Strophen nicht mitsingen können, dann stimmen Sie doch gern nur in den Refrain ein. Da geht es um die Hand Gottes: »Im Frieden geborgen, von seiner Hand bewacht, führt er in ein neues Morgen und sicher durch die Nacht.« Er ist leicht mitzusingen.

9

WORTE FÜR DIE SEELE

Einführung

In der Ansprache geht es ausgehend von der Heilungsgeschichte um Worte, die der Seele gut tun. Zum Abschluss findet eine Aktion statt, bei der sich die Teilnehmenden ein »Los« aus einem Körbchen ziehen, auf dem ein Segenswort steht. Dafür werden die Bibeltexte so auf ein farbiges Blatt kopiert, dass sie einzeln zu einem Los gerollt werden können.

Material

Lose mit »Worten für die Seele«
Ein Körbchen für die Lose

Vorschläge/Beispiele für Bibelverse für die Lose:

- Christus spricht: Ich bin bei euch alle Tage bis an der Welt Ende.
- Gott spricht: Ich bin bei dir und helfe dir.
- Die auf Gott warten, empfangen neue Kraft.

- Gott spricht: Fürchte dich nicht, ich bin mit dir.
- Gott hat seinen Engeln befohlen, dass sie dich behüten.
- Gott verspricht: Ich will dich trösten, wie dich eine Mutter tröstet.
- Gott wird abwischen alle Tränen.
- Gott spricht: Rufe mich an in der Not, so will ich dich erretten.
- Gott spricht: Bittet, so wird euch gegeben werden.
- Von allen Seiten umgibst du mich und hältst deine Hand über mir.
- Gott verspricht: Ich will dich nicht verlassen, noch von dir weichen.
- Die mit Tränen säen, werden mit Freuden ernten.
- Christus spricht: Ich lebe und du sollst auch leben.
- Gott sei vor dir und leite dich, Gott sei unter dir und trage dich, Gott sei in dir und stärke dich.
- Christus spricht: In der Welt habt ihr Angst, aber seid getrost, ich habe die Welt überwunden.
- Gott spricht: Ich will dich segnen und du sollst ein Segen sein.
- Nähme ich Flügel der Morgenröte und bliebe am äußersten Meer, so würde auch dort deine Hand mich führen und deine Rechte mich halten.
- Gott spricht: Ich will euch geben Zukunft und Hoffnung.

Bibeltext

Mt 8,5-13 Der Hauptmann von Kapernaum

Lieder

- Morgenlicht leuchtet (EG 455)
- Du meine Seele singe (EG 302)
- Bewahre uns, Gott, behüte uns, Gott (EG 171)

Ansprache

Jesus ist in Kapernaum, da kommt ein römischer Hauptmann zu ihm und bittet ihn, sein krankes Kind oder seinen Knecht – da ist die Übersetzung unklar –, das zu Hause und gelähmt ist und furchtbare Schmerzen hat, wieder gesund zu machen. Jesus fragt: »Soll ich kommen und es gesund machen?« Da sagt der Hauptmann zu ihm: »Herr, ich bin nicht wert, dass du in mein Haus gehst, aber sprich nur ein Wort, und mein Kind wird gesund.« Jesus staunt über den Glauben und das große Vertrauen des Hauptmanns. Der Hauptmann ist ja gar kein Jude. Und Jesus sagt zu ihm: »Geh hin, dir geschehe, wie du geglaubt hast.« Und das Kind wurde in diesem Moment gesund!

Worte können unsere Wirklichkeit verändern. Ein Wort kann uns in einen Abgrund stürzen oder kann uns in den Himmel auf Erden versetzen. Ein Wort kann vernichtend sein, ein Wort kann uns aufrichten und Hoffnung geben. Hier reicht ein Wort, um das Kind des Hauptmanns per Fernheilung gesund zu machen! Was für ein Wunder!

Worte sind mächtig und stark. Manchmal führen sie ein Eigenleben. Ich glaube, dass der allerstärkste Satz, den es gibt, der Satz ist: Ich liebe dich. Wer ihn gesagt bekommt, der schwebt, der erlebt den Himmel auf Erden, der wird leicht und glücklich. Alles glitzert goldfarben, und der Tag wird dadurch vergoldet.

Es gibt natürlich auch genau das Gegenteil: Sätze oder Worte, die einen in tiefste Tiefen stürzen können. Ich habe es im Krankenhaus erlebt, dass es besonders ein Wort gab, das alles auf den Kopf stellte, wenn man es gesagt bekam: Krebs. Manchmal war es auch ein anderes Wort, eine andere schwerwiegende Erkrankung. Plötzlich tut sich der Boden auf und nichts ist mehr, wie es war. Ein Gefühlskarussell rast los und eine wichtige Frage drängt sich immer wieder in den Vordergrund: Wie lange habe ich noch? Angst macht sich breit und schleicht sich immer wieder ein, manchmal überfallartig.

Jemand erzählte mir, dass er in dem Andachtsraum eines Krankenhauses mal ein großes Schild gesehen hat, auf dem stand: »Fürchte dich nicht. Ich helfe dir.« Das hat ihn getröstet und ihm Mut gemacht. Diesen Satz hat er jetzt immer vor Augen, wenn er Angst hat und sich in einer schwierigen Lage befindet.

Es gibt Sätze, die niederschmetternd sind, wie: »Wir können nichts mehr für Sie tun.« So ein Satz ist vernichtend, und abgesehen davon stimmt er gar nicht. Man kann immer etwas tun, gerade wenn es am Ende des Lebens darum geht, Schmerzen und Luftnot zu lindern.

Es gibt andere Sätze, die dagegen aufbauend und tröstend sind, z.B.: »Wir tun alles, was in unserer Macht steht, um Ihnen zu helfen.«

Wirkmächtige Worte und Sätze spannen den Himmel neu auf: Sie geben Trost, sie beruhigen, sie wecken Hoffnung. Sie sind göttlich, sie geben uns Anteil am Heiligen. Das mögen solche »praktischen« Sätze bezogen auf eine ärztliche Behandlung sein. Oder jemand, die zu mir sagt: »Ich lass dich damit nicht allein!« Es können aber auch Schätze aus der Bibel bzw. aus religiöser Tradition sein, z.B.: Christus spricht: »Ich lebe, und ihr sollt auch leben.«

Solche Worte machen vielleicht nicht den Körper wieder gesund, so wie in der Geschichte vom Hauptmann von Kapernaum, die ich zu Beginn gelesen habe, aber sie helfen unserer Seele!

Gibt es Worte oder Sätze, die Sie trösten und aufrichten? Die Sie sich in schweren Zeiten sagen? *(Austausch)*

Für mich ist ein wichtiger Satz: »Gott spricht: Ich will euch geben Zukunft und Hoffnung.«

Ich habe hier einige Hoffnungs-Sätze aus der Bibel zu »Losen« verarbeitet. Sie dürfen sich jetzt jeder ein Los nehmen und aufrollen und Ihren Satz vorlesen, der Sie heute begleiten soll. Ich wiederhole es dann, damit es laut genug ist, dass alle es hören. Oder ich lese es gleich vor, wenn Sie mögen.

(Ich verteile die Lose, gehe herum und wir kommen jeweils kurz zu dem Vers ins Gespräch.)

10

DIE FORDERNDE WITWE

Einführung

In der Lutherübersetzung lautet die Überschrift dieser Geschichte: Von der bittenden Witwe. Es geht allerdings darum, dass sie bei einem Richter ihr Recht und Gerechtigkeit einfordert. Ich schlüpfe in der Ansprache in die beiden Rollen der Witwe und des Richters und lasse sie zu Wort kommen. Ich möchte die Teilnehmenden ermutigen, für ihr Recht zu kämpfen und sich nicht entmutigen zu lassen. Ärger und Wut dürfen sein im Namen der Gerechtigkeit.

Bibeltext

Lk 18,1-8 Die fordernde Witwe

Lieder

- Die güld'ne Sonne voll Freud und Wonne (EG 449)
- Ist Gott für mich, so trete gleich alles wider mich (EG 351)
- Geh unter der Gnade (CD: »Kommt, atmet auf«, gleichnamiges Liederheft)

Ansprache

In der Geschichte, die wir gehört haben, stehen sich zwei total unterschiedliche Menschen gegenüber: eine Witwe, die vermutlich arm ist und in Not. Wir wissen nicht, was ihr widerfahren ist. Und der andere: ein Richter, ein Mann, der über Recht und Unrecht entscheidet, der Autorität hat und Macht. Er fürchtet sich vor niemandem, nicht einmal vor Gott. Ungleicher könnten die beiden kaum sein.

Ich möchte die beiden zu Wort kommen lassen:
Zunächst die Witwe:

Ihr kennt meine Verzweiflung. Mein Mann starb viel zu früh, ich blieb allein zurück. Das hat mich unendlich traurig gemacht und allein war ich auch. Und dann hatte ich noch nicht mal Anrecht auf unseren gemeinsamen Besitz. Ich sollte mich meinem Schwager unterordnen, der jetzt mein Vormund werden soll. Das ist so absurd. Er hat sich alles einverleibt, was mein Mann und ich erspart hatten. Und dann wollte er mich noch aus dem Haus werfen. Das ist doch nicht recht! Es hat mich auch wütend gemacht. Was sollte ich tun?

Also bin ich zum obersten Richter der Stadt gegangen. Erst wollte er mich gar nicht anhören, dann aber doch, als ich wieder und wieder zu ihm gegangen bin. Ich habe nicht lockergelassen. Dann hat er mich zwar vorgelassen, wollte mir aber nicht helfen. Ich habe meinen ganzen Mut zusammengerafft und bin immer wieder hingegangen. Habe mich nicht abspeisen lassen. Ich habe ihn immer wieder angefleht: »Schaffe mir Recht gegen meinen Widersacher!« Das hat mich immer wieder viel Mut und Kraft gekostet. Aber ich wusste genau: Gott ist auf meiner Seite. Ich muss doch Recht bekommen. Ich war wütend. Und ich wurde immer wütender. Die Wut war größer als die Angst. Schaffe mir Recht! Immer wieder. Das hat er wohl gespürt. Auch, dass ich mich von ihm nicht abspeisen lasse. Plötzlich half er mir. Warum er das tat, weiß ich eigentlich gar nicht so recht. Hat er sich doch anrühren lassen von dem Unrecht, das mir geschehen ist? Hat er sich doch erweichen lassen? Ich bin glücklich und preise Gott, dass er mir geholfen hat und mir Recht verschafft hat! Freut euch mit mir!

Nun möchte ich gern den Richter zu Wort kommen lassen:

Das habe ich wirklich noch nie erlebt. Die Frau, die Witwe – immer wieder ist sie gekommen. »Schaffe mir Recht!« Sie hat mich genervt und gestört. Ich wollte meine Ruhe haben und mich nicht mit ihren Belangen abgeben. Die Gesetze sind halt so, schon immer, und sie muss sich damit abfinden, wie alle vor ihr auch, die ihren Mann verloren haben. Und dann kam sie immer wieder, war freundlich, aber bestimmt und blieb hartnäckig. Ich spürte, wie ihre Wut jedes Mal größer wurde, wenn sie wiederkam. Die Wut kam mir vor wie ein heiliger Zorn. »Schaffe mir Recht im Namen unseres Gottes«, sagte sie einmal. Das bekam ich nicht aus dem Kopf. Das ging mir nach. Sie glaubte und kämpfte fest für Gerechtigkeit, für einen würdigen Umgang mit ihr. Das hat mir Respekt eingeflößt. Irgendwann merkte ich, dass sie nicht aufhören würde zu kommen. Hatte sie nicht doch auch recht mit ihrer Forderung? Ich gab nach, halb, um sie loszuwerden, halb, weil ich ihr Anliegen auch verstehen konnte. Ein bisschen Angst hat sie mir auch eingeflößt mit ihrem heiligen Zorn. Jetzt bin ich froh, dass das Thema durch ist. Aber ich hoffe, dass ich doch ein Stück an der Gerechtigkeit mitgearbeitet habe.

Soweit die beiden ...

Haben Sie mal etwas Ähnliches erlebt? Wo Sie immer und immer wieder ihrem Wunsch nach Recht Ausdruck verliehen haben? Hat es geklappt? Welche Gefühle haben Sie dabei erlebt? *(Austausch)*

Die Witwe macht uns Mut, sie zeigt uns, wie es geht: nicht aufgeben, Unrecht und Unzufriedenheit ansprechen, zur Not immer wieder, sich nicht entmutigen lassen. Ich denke, dass ihr heiliger Zorn für die nötige Energie sorgt, ihrem Wunsch nach Gerechtigkeit Nachdruck zu verleihen.

Unser Glaube an Gott richtet uns auf und hilft uns dabei, mutig und stark zu sein. Er ist unsere Hoffnung und Zuflucht in unserer Bitte nach Gerechtigkeit, die uns widerfahren möge. Die Witwe hat sicher auch immer wieder gebetet und immer wieder Kraft für ihre Auseinandersetzung bekommen.

Das bitten wir Gott, auch hier im Altersheim: Hilf uns, uns für unser Recht einzusetzen. Gib uns Mut und Kraft.

11

DIE BOHNEN DER GRÄFIN

Einführung

Mit einer Geschichte werden die Teilnehmerinnen eingeladen, sich an das zu erinnern, woran sie sich am vergangenen Tag erfreut haben. Die Geschichte erzählt von einem Ritual, das die Erinnerung unterstützt. An schöne Erlebnisse und erfreuliche Momente zu denken und dafür zu danken ist ein Schlüssel für Zufriedenheit. Alle Teilnehmerinnen bekommen ein paar Bohnen mit auf ihren Weg.

Material

Eine Tüte weiße Bohnen

Psalm

Ps 36,6-10 (gemeinsam)

Lieder

- Danke für diesen guten Morgen (EG 334)
- Lobe den Herren, den mächtigen König der Ehren (EG 316)
- Nun danket alle Gott mit Herzen, Mund und Händen (EG 321)

Ansprache

Andacht ist Zeit zum Innehalten: mitten am Tag die Augen zu schließen und nach innen zu blicken: Wo bin ich – was brauche ich – wo ist Gott? Stille werden, nach innen hören, mich mit Gott, dem Licht, dem Heiligen und mit Lebensenergie verbinden. Belastendes abgeben und neue Kraft und neuen Mut für den Tag und die nächste Zeit bekommen.

Mit der folgenden Geschichte möchte ich Sie dazu einladen:

Es lebte einmal eine alte Gräfin, die eine Lebensgenießerin war. Sie verließ nie das Haus, ohne zuvor eine Hand voll Bohnen einzustecken. Sie tat dies nicht etwa, um die Bohnen zu kauen oder irgendwo einzupflanzen. Nein, sie nahm sie, um so die schönen Momente des Tages bewusster wahrzunehmen und um sie besser in Erinnerung behalten zu können.

Jede positive Kleinigkeit, die sie tagsüber erlebte, z.B. einen fröhlichen Plausch auf der Straße, das Lachen eines Kindes, ein köstliches Mahl, eine fantasievoll gekleidete Frau, einen schattigen Platz in der Mittagshitze, einen rücksichtsvollen Mitmenschen – für alles, was sie erfreute, ließ sie eine Bohne von der rechten in die linke Jackentasche wandern.

Abends saß sie dann zu Hause und zählte die Bohnen aus der linken Tasche und rief sich die unterschiedlichen Momente wieder in Erinnerung. Sie zelebrierte die Minuten, lauschte dabei zu inniger Musik.

So führte sie sich vor Augen, wie viel Schönes ihr an diesem Tag widerfahren war, und freute sich. Und sogar an einem Abend, an dem sie bloß eine Bohne zählte, war der Tag gelungen – hatte es sich zu leben gelohnt.

Als unsere Tochter klein war, gab es jeden Abend ein Ritual, das vor dem Einschlafen stattfand. Zunächst hielten wir einen Tagesrückblick, bei dem wir mit ihr gemeinsam überlegten, was sie an dem zu Ende gehenden Tag alles erlebt hatte: Was hat dir gefallen, was war schön? Uns war auch wichtig, die Gefühle zu benennen: Was hat dich gefreut oder worüber hast du dich geärgert? Abgerundet wurde das gesprochene Wort durch ein Lied und ein Gebet.

Die Geschichte der Gräfin erinnert daran, dass es nicht nur Kindern, sondern auch uns Erwachsenen gut tut, die schönen Erlebnisse und Augenblicke an jedem Tag besonders wahrzunehmen, bewusst zu erleben und sich dann noch einmal daran zu erinnern.

Jetzt frage ich Sie: Woran haben Sie sich gestern besonders erfreut? Oder vielleicht heute schon, auch wenn der Tag noch nicht so viele Stunden hatte? *(Zeit zum Austausch)*

Gerade in Zeiten, die belastend sind, tut es gut, sich die Augenblicke der Lebensfreude eines jeden Tages noch einmal bewusst zu machen, auch wenn es nur kleine Dinge sind. Abends im Gebet zum Beispiel. Ich erzählte mal einer Patientin im Krankenhaus die Geschichte von den Bohnen der Gräfin. Die gefiel ihr so gut, dass sie später immer wieder davon sprach, dass sie wieder »viele Bohnen gesammelt« habe, wenn sie mit ihrem Rollstuhl unterwegs war und sich an der schönen Umgebung oder an schönen Begegnungen erfreuen konnte.

Schöne Momente machen unser Leben lebenswert, egal, ob wir auf eigenen Füßen unterwegs sind oder mit Einschränkungen leben müssen aufgrund von Krankheit oder Alter. Und es gibt schöne Momente – jeden Tag. Es ist an uns, sie ganz bewusst wahrzunehmen und zu genießen und dadurch unseren Alltag zum Leuchten bringen zu lassen. Vieles wird erst durch unsere Wahrnehmung und Sichtweise wertvoll. Gott sei Dank. Denken und Danken hängt zusammen. Dankbarkeit lässt uns zufriedener werden. Dankbarkeit ist der Schlüssel zu einem zufriedenen und glücklichen Leben. Bedenken wir, woran wir uns freuen, was uns gut getan hat, dann hilft uns das, zufriedener zu sein und das Schöne nicht aus den Augen zu verlieren.

Ich möchte Ihnen heute ein paar Bohnen mitgeben, die mögen Sie an diese Geschichte erinnern und Sie einladen, an das Schöne und Besondere jeden Tages zu denken und dafür zu danken.

(Ich gebe jeder Andachtsbesucherin ein paar Bohnen in die Hand.)

12

BROT DES LEBENS

Einführung

In dieser Andacht geht es um die unausgesprochene Frage: Was brauchen wir, um satt zu werden? Den Rahmen geben die biblische Geschichte der »Speisung der Fünftausend« und eine weitere Geschichte mit den »langen Löffeln«. Im Zentrum steht ein mitgebrachtes Brot, das geteilt wird. Die Andacht kann in eine Abendmahlsfeier münden.

Material

Ein frisches Brot, das in kleine Stücken geschnitten wird. Es kann nach Belieben und Einschätzung auch ein süßes Brot sein, möglicherweise eher ein weiches Brot ohne harte Kruste.

Bibeltexte

Joh 6,1-14 Die Speisung der Fünftausend
Joh 6,35 Ich bin das Brot des Lebens

Lieder

- Wenn das Brot, das wir teilen, als Rose blüht (in: »Himmel, Erde, Luft und Meer«, Nr. 69; CD: Meine Zeit in deinen Händen [Paulaner Band])
- Er ist das Brot, er ist der Wein (EG 228)
- Bewahre uns, Gott, behüte uns, Gott (EG 171)

Ansprache

Ich durfte letztens ein leckeres, selbst gebackenes Brot probieren. Ich hatte es schon auf dem Tisch liegen gesehen. Es sah perfekt aus: rund und mit einer hellbraunen knusprigen Kruste. Es duftete verlockend, und mir lief sofort das Wasser im Mund zusammen. Es war ein Geburtstagsgeschenk für jemanden. Wir hatten Glück, denn das Geburtstagskind teilte das Brot mit allen, die gerade im Raum waren. Wir durften alle probieren. Ich bekam den leckeren Knust, den ich besonders gern esse. Das Brot schmeckte sehr, sehr köstlich und duftete wunderbar. Es war ein Genuss. Und wenn ich jetzt noch mal dran denke, dann läuft mir wieder das Wasser im Munde zusammen! Himmlisch! Ein frisches, selbstgebackenes Brot ist etwas ganz besonderes! Haben Sie früher selbst schon mal Brot gebacken? *(Austausch)*

Ich habe Ihnen heute ein Brot mitgebracht. Ich habe es schon in Stücke geschnitten und möchte es Ihnen jetzt gern verteilen und mit Ihnen gemeinsam kosten. *(Brot wird verteilt und es gibt einen Austausch, wie es schmeckt.)*

Jesus sagt: *»Ich bin das Brot des Lebens. Wer zu mir kommt, den wird nicht hungern, und wer an mich glaubt, den wird nimmermehr dürsten.«* (Joh 6,35) Zum Sattwerden gehört noch mehr als das tägliche Brot. Dazu gehört auch, dass die Seele satt wird, dass wir wissen, was uns stärkt, was uns und anderen gut tut. Das hat Jesus immer wieder gezeigt: anderen freundlich ins Herz sehen, einander wahrnehmen, Freude und Leid teilen, nicht verurteilen, Schuld vergeben, Gottes Güte weitergeben, in Gemeinschaft sein.

Mit einer Legende möchte ich das veranschaulichen:

Eine fromme Frau bittet Gott, den Himmel und die Hölle sehen zu dürfen. Gott erlaubt es ihr und führt sie in einen großen Raum. In seiner Mitte steht auf dem Feuer ein Topf mit einem köstlichen Gericht. Rundherum sitzen Leute mit langen Löffeln, alle stochern in dem Topf, aber sie sehen blass aus, mager und elend. So sehr sie sich auch bemühen, die Stiele der Löffel sind zu lang. Sie können das herrliche Essen nicht in den Mund bringen. »Was für ein seltsamer Ort«, sagt die Frau. »Das ist die Hölle«, antwortet Gott. Sie gehen in einen zweiten Raum, der genauso aussieht wie der erste. Auch hier brennt ein Feuer und darüber kocht ein köstliches Essen. Leute sitzen rundherum, auch sie haben Löffel mit langen Stielen, aber sie sind alle gut genährt, lachen und scherzen. Einer gibt dem anderen mit seinem langen Löffel zu essen. »Und dies ist der Himmel«, sagt Gott.

Himmel und Hölle, das können wir schon auf Erden erleben: Die Hölle ist, wenn jeder an sich denkt. Der Himmel ist, wenn wir in Beziehung sind, uns gegenseitig wahrnehmen, Essen teilen, einander nähren und gemeinsam lachen, in Gemeinschaft beten und glauben.

Ähnlich haben es sicher die Menschen erlebt, die dabei waren bei der Speisung der Fünftausend. Fünf Gerstenbrote und zwei Fische haben für alle Menschen gereicht und dann war sogar noch viel übrig. Ein Wunder! Geteilte Liebe wird mehr. Jesus selbst ist das Brot des Lebens. Wer zu ihm kommt, den wird nicht mehr hungern und wer an ihn glaubt, den wird nimmermehr dürsten. Das ist nährendes Brot des Glaubens und ein Wunder bis heute.

13

NUR DIE LIEBE ZÄHLT (VALENTINSTAG)

Einführung

Am Valentinstag möchte ich den Blick auf die Liebe lenken und dazu ins Gespräch kommen. Liebe hat viele Gesichter. Im Mittelpunkt stehen die Beziehungen zwischen Gottesliebe, Nächstenliebe und Selbstliebe. Zum Mitgeben gibt es für alle eine Klappkarte mit Herz und einer Übertragung des Textes aus dem 1. Korintherbrief, Kapitel 13.

Material

Klappkarte »Nur die Liebe zählt« von den Marburger Medien (www.marburger-medien.de), Bestellnummer K0450

Bibeltexte

Hoheslied 8,6-7 Liebe ist stark wie der Tod
1. Kor 13,1-7.13 Ein Lied auf die Liebe

Lieder

- Herr, deine Liebe ist wie Gras und Ufer (EG 653),
  oder: Weit wie das Meer ist Gottes große Liebe (EG 623)
- Ins Wasser fällt ein Stein (EG 620)
- Ich bete an die Macht der Liebe (EG 615)

Ansprache

Heute ist Valentinstag. Valentinstag ist der Tag, der den Verliebten bzw. den Liebenden gewidmet ist. Ich möchte es gern noch weiter fassen und sagen: ein Tag, der der Liebe gewidmet ist. Nur die Liebe zählt! Der Tag geht zurück auf Bischof Valentin, der sein Leben für die Liebe gelassen hat. Im 3. Jahrhundert traute er Liebespaare, nämlich Sklavinnen und Sklaven, nach dem christlichen Ritus und beschenkte sie mit Blumen. Das gefiel dem obersten römischen Herrscher nicht. Valentin kam vor Gericht und wurde am 14. Februar 269 geköpft. Nur die Liebe zählt! Das hat Valentin deutlich gemacht und hat dafür buchstäblich seinen Kopf hingehalten.

Die Liebe an sich ist vielfältig und bunt. Was fällt Ihnen ein, wenn Sie an Liebe denken? *(Austausch, z.B. Mutterliebe, Liebe zu Kindern, Tierliebe, Liebe zum Partner, Musikliebhaber, Gottesliebe, Nächstenliebe, Selbstliebe, leidenschaftliche Liebe in der Sexualität, Herzen, die Farbe rot …)*

In der Bibel steht die Liebe Gottes im Zentrum: Aus Liebe zu uns Menschen ist Gott Mensch geworden. Und jede Schöpfung ist immer ein Akt der Liebe, die sich vervielfältigt. Von der Liebe heißt es im sogenannten Hohenlied im Alten Testament: »Liebe ist stark wie der Tod und Leidenschaft unwiderstehlich wie das Totenreich.

Ihre Glut ist feurig und eine gewaltige Flamme.« (Hoheslied 8,6-7) Im Neuen Testament stehen die wichtigsten Aussagen zur Liebe im 1. Brief an die Gemeinde in Korinth im 13. Kapitel. Eine kleine Zusammenfassung davon erhalten Sie auf der beigelegten Karte. »Die Liebe ist geduldig und freundlich ...« Am Ende des Kapitels im Brief an die Gemeinde in Korinth stehen die bekannten Worte: »Nun aber bleiben Glaube, Hoffnung, Liebe, diese drei. Aber die Liebe ist die größte unter ihnen.« (1. Kor 13, 13) Das ist auch ein beliebter Spruch für Paare, die sich trauen lassen.

Die Liebe hat viele Gesichter, viele Ausprägungen. Sie ist leidenschaftlich, sie drückt sich aus in der Liebe zu Gott, in der Liebe zu den Menschen, die uns anvertraut sind, oder die in unserer Nähe sind – zu unseren Nächsten. Jesus beschreibt als das höchste und wichtigste Gebot: »Du sollst Gott lieben und deinen Nächsten wie dich selbst.« Er benennt auch die Selbstliebe, die meist vergessen wird und gar nicht im Blick ist. Dabei ist die Selbstliebe doch ein wichtiges Maß: So wie wir uns selbst lieben, so sollen wir Gott und unsere Nächsten lieben. Selbstliebe ist schwer. Wir haben so vieles an uns auszusetzen, so vieles mögen wir gar nicht gern an uns. Es ist schon ein längerer Weg, sich selbst mit allen Fehlern und Eigenheiten anzunehmen und zu lieben. Manchmal dauert dieser Weg ein Leben lang.

Wir brauchen als Erstes im Leben allerdings selbst Erfahrungen der Liebe, Erfahrungen, dass wir geliebt werden, um uns zu entwickeln, um Vertrauen in uns selbst zu bekommen, um ein Grundvertrauen ins Leben zu entwickeln. Wer sich geliebt fühlt, der kann auch leichter sich selbst und andere lieben. Wie wir empfangen, so geben wir es weiter.

Von wem haben Sie Liebe empfangen? *(Austausch)* Von Eltern, Geschwistern, später von Freundinnen und Freunden? Vielleicht von Tieren? Von Partnerinnen und Partnern? Und dadurch gespürt:

Es gibt einen Gott über mir und in mir, der mich liebt, der mich trägt und durch das Leben begleitet. Gottes Liebe wird spürbar durch andere Menschen, die uns lieben und begleiten, die für uns da sind und uns nicht allein lassen. Menschen, die uns aushalten mit unseren Eigenarten, die mit uns sind, wenn wir traurig, wütend, verzweifelt sind, wenn wir eine schwere Zeit durchmachen. Menschen, die mit uns fröhlich sind, sich über unser Glück mit freuen und das Leben mit uns feiern.

Der Valentinstag ist ein Tag, der nicht nur für Verliebte da ist. Er erinnert uns alle daran, dass die Liebe das Wichtigste in unserem Leben ist. Nur die Liebe zählt! Manchmal geht im Alltag der liebende Blick verloren. Gut, sich wieder daran erinnern zu lassen. Von wem erlebe ich Liebe, Liebesdienste, wofür und wem möchte ich DANKE sagen?

Gleichzeitig möchte ich mich umschauen: Wem kann ich heute etwas Liebes sagen oder tun? Nächstenliebe leben: Wer ist mir heute nah, wer ist in meiner Nähe, wer ist mir der oder die Nächste ...? Liebende Zuwendung brauchen wir alle!

Ich wünsche uns gute Ideen, wie wir unsere Liebe und Zuwendung durch kleine Aufmerksamkeiten, Worte oder Taten zeigen können. Und so auch selbst Gottes Liebe sichtbar machen und weitergeben.

14

SIEBEN WOCHEN OHNE / SIEBEN WOCHEN MIT

Einführung

In der Woche des Aschermittwochs möchte ich einen »Auftakt« zur Passions- und Fastenzeit setzen. Als Einstieg ins Thema bringe ich eine Kopie von einem Bild einer Passionsblume mit. Da die Blütezeit erst im Sommer ist, muss jetzt ein Bild statt einer echten Blume genügen. In der Ansprache gehe ich ins Gespräch über die Fastenaktion »Sieben Wochen ohne« und genauso über »Sieben Wochen mit«.

Material

Kopien (genügende Anzahl) des Bildes einer Passionsblume.

In der Begrüßung kann das Bild an alle verteilt werden. Ich frage, was das für eine Blume ist. Wir kommen zum Thema Passion ins Gespräch. Dabei erzähle ich, dass die verschiedenen Teile der Blüte der Passionsblume von Missionaren als Symbole für das Leiden Christi gedeutet wurden: Die drei obersten Fruchtblätter in der Mitte der Blüte wurden als die

Nägel gedeutet, mit denen Jesus ans Kreuz genagelt wurde. Die darunterliegenden fünf »Stampfblätter« deutete man als Wundmale Jesu. In der dickeren Mitte der Blüte wird der »Kelch des letzten Abendmahls« gesehen. Der faserige Kranz lässt an die Dornenkrone denken.

Bibeltext

Mt 6,16-21 Vom Fasten

Lieder

- Herr, stärke mich, dein Leiden zu bedenken (EG 91)
- Meine Hoffnung und meine Freude (in: »Himmel, Erde, Luft und Meer«, Nr. 81, siehe Anhang)
- Ins Wasser fällt ein Stein (EG 620)

Ansprache

Diese Woche ist Aschermittwoch. Das ist der Beginn der Fastenzeit, der Passionszeit, die am Ostersonntag zu Ende geht. In der christlichen Tradition wird vor den großen Freudenfesten gefastet, also vor Ostern genauso wie vor Weihnachten. Auch die Adventszeit ist eigentlich eine Fastenzeit. Wussten Sie das? (Das erstaunt die meisten Menschen, denn bei den vielen Süßigkeiten, die in der Adventszeit Hochsaison haben, denkt nun wirklich kaum jemand ans Fasten.)

40 Tage dauert die vorösterliche Fastenzeit. Eigentlich sind es bei genauem Nachrechnen 46 Tage bis Ostersonntag, aber die Sonntage dazwischen werden nicht als Fastentage verstanden. Sie erinnern an die Auferstehung Jesu Christi. Jeder Sonntag ist eine kleine Auferstehungsfeier. An den Sonntagen wird auch in der Fastenzeit nicht gefastet. So sind es abzüglich der 6 Sonntage, die zwischen Aschermittwoch und Ostern liegen, also tatsächlich 40 Tage Fastenzeit.

In der Fastenzeit erinnern wir uns an den Weg Jesu ans Kreuz und bedenken Jesu Bedeutung für unser Leben. Wir bedenken vor allem das Leiden Jesu, die Passion. Das Wort ist uns geläufig durch die großen Werke von Johann Sebastian Bach, z.B. die Matthäus-Passion oder die Johannespassion, in denen er die biblischen Texte der Leidenszeit Jesu vertont hat. Nach dem Fasten wird die österliche Freudenzeit dann ganz neu und intensiver erlebt: als Fest der Freude und des Jubels und des Lebens.

1983 beschloss in Hamburg eine Gruppe von Journalist*innen und Theolog*innen, sieben Wochen lang – von Aschermittwoch bis Ostern – zu fasten. Die Aktion breitete sich unter dem Namen »7 Wochen ohne« immer mehr aus und steckt bis heute immer mehr Menschen an.

Ziel ist die bewusste Gestaltung der Passionszeit. Die Aktion lädt Menschen ein, Alltagsgewohnheiten zu überdenken: Sie verzichten zum Beispiel auf Genussmittel wie Alkohol, Schokolade, Kuchen, Süßigkeiten, Chips oder Nikotin. Manche verzichten auch auf Fernsehen oder Computerspiele. Es geht darum, in sich selbst zu gehen und zu spüren: Was brauche ich eigentlich wirklich? Was ist mir wichtig. Worauf kann ich verzichten, weil es mir möglicherweise gar nicht gut tut.

Haben Sie das auch schon einmal versucht: in der Fastenzeit von Aschermittwoch bis Ostersonntag auf etwas zu verzichten?

Worauf würde es Ihnen schwerfallen zu verzichten? *(Austausch)*

Wer bewusst auf etwas verzichtet, schafft Platz für Veränderungen, entwickelt neue Perspektiven und stellt fest, was Lebensqualität ausmacht. Ein weiteres Motiv ist, durch Konsumverzicht Solidarität mit Benachteiligten zu zeigen. Leitend ist dabei die Einsicht »Weniger ist mehr«. Manchmal merkt man dabei, dass »7 Wochen OHNE« gleichzeitig auch »7 Wochen MIT« bedeutet. Denn wo Verzicht ist, da ist dann Platz für Neues.

Neulich sah ich einen Cartoon: Zwei Menschen sitzen am Tisch. Der eine sagt: »Ich mache jetzt übrigens 7 Wochen ohne.« Darauf fällt ihm eine andere ins Wort: »Ohne, ohne, ohne!! Typisch Protestant! Mach' doch mal 7 Wochen mit Blumen oder Liebe, Achtsamkeit, Gemüse, mit Sport, mit Küssen, Vorlesen, Massagen, Beten, Sonnenaufgang, mit Malen, Gedichten, Kochen, Händchen halten, Geschenke machen.«

Wenn es einem sowieso schon nicht so gut geht, oder wenn der Winter-Blues das Leben trist und grau macht, wer möchte dann noch fasten und zusätzlich auf etwas verzichten?

Vielleicht liegt es da näher, ganz bewusst »7 Wochen MIT« zu gestalten. Was auch immer dieses »mit« dann bedeutet. Ich finde das einen schönen Gedanken: Was tut mir gut, was tue ich viel zu wenig? Was möchte ich mehr für mich tun? Da hat jede sicher unterschiedliche Ideen. 7 Wochen mit mehr Spazierengehen, mit mehr Musik hören, mit mehr Bibel lesen, mit mehr singen, mit mehr ... Was möchten Sie gerne mehr machen, das Sie erfreut? *(Austausch)*

7 Wochen etwas ganz bewusst weglassen oder ein Mehr dazunehmen – beides ist eine Lebensbereicherung. Beides lenkt den Blick darauf, was mir gut tut. Und vielleicht kann dieser neue Blickwinkel auch eine spirituelle Dimension neu erschließen. Was ist mir wichtig? Wodurch lebe ich? Was bedeutet mir mein Glaube?

15

DAS BERÜHRT MICH – EINE FRAU SALBT JESUS

Einführung

Jesus berührt Menschen, die ihm begegnen, die ihn um Heilung bitten. Er lässt sich innerlich berühren und berührt sie im Vollzug der Heilung. In der heutigen biblischen Geschichte ist es andersherum: Eine Frau berührt Jesus und salbt ihn. Das tut ihm gut. Wir kommen ins Gespräch über Berührungen. Als Abschluss der Ansprache biete ich eine Segnung an, in der ich die Teilnehmenden erst am Öl riechen lasse und ihnen dann mit einem Segenswort verbunden ein Kreuz auf die Handinnenfläche male. Der Duft bleibt und kann auch nach der Andacht immer noch »genossen« werden.

Material

Ein schönes Duftöl, von Weleda zum Beispiel, und eine Schale für das Duftöl

Bibeltext

Mk 14,3-9 Eine Frau salbt Jesus

Lieder

- Großer Gott, wir loben dich (EG 331)
- Wo Menschen sich vergessen / Da berühren sich Himmel und Erde (in: »Himmel, Erde, Luft und Meer«, Nr. 83. CD: Variabel: den himmel erden)
- Bewahre uns, Gott (EG 171)

Ansprache

In manchen Situationen sind Berührungen wichtiger als Worte, vor allem, wenn einem die Worte mal ganz fehlen. Ein Händedruck oder in den Arm nehmen zeigt: Ich bin dir verbunden, ich sehe, was dich bedrückt, ich will dir nahe sein, ich lass dich nicht allein, ich bin da.

Welche Berührungen tun Ihnen besonders gut? Was mögen Sie gern? *(Austausch)*

Berührungen können ja sehr unterschiedlich erlebt werden. Gibt es auch eine Berührung, die Sie gar nicht mögen? *(Austausch)*

Im Umgang mit Kindern sind Berührungen selbstverständlicher. Ein Kind unterwegs an die Hand nehmen, oder ein Kind in den Arm oder auf den Schoß nehmen, wenn es Trost braucht oder kuscheln möchte, oder den Bauch streicheln, wenn es Bauchweh hat, oder einfach spürbar zeigen, ich berühre dich, ich bin da. Schade, dass es sich unter Erwachsenen so verliert.

Im Alten- oder Pflegeheim oder auch im Krankenhaus bekommt das Berühren wieder mehr Bedeutung. Ich werde berührt: von Ärzten oder Ärztinnen, von Schwestern und Pflegern oder von Therapeutinnen der Krankengymnastik. Manchmal muss man das irgendwie ertragen. Und manchmal kann es auch sehr schön sein und Zuwendung bedeuten.

Bewohnerinnen im Altenheim oder Patientinnen im Krankenhaus kommen manchmal in den Genuss, eingecremt zu werden oder eine Massage zu erleben, das ist schön. Das tut gut. Ein Genuss!

Auch als Seelsorgerin berühre ich andere, in dem ich einfach mal die Hand halte oder einen Segen mit Handauflegen spreche.

Berühren und berühren lassen. Ich lasse mich innerlich berühren von dem, was einen anderen beschäftigt. Ich gehe in Kontakt, ich berühre jemanden. Ich kann jemanden in den Arm nehmen oder die Hand streicheln. Oder ich lege zum Segnen meine Hände auf den Kopf. Eine Berührung im richtigen Maß und in Absprache kann so gut tun, mehr als viele Worte.

»Nichts lindert den Schmerz so wie die Berührung eines Menschen«, heißt es.

In den biblischen Heilungsgeschichten werden die Menschen, die Jesus um Heilung bitten, meist von ihm berührt. Jesus scheut sich nicht, den Schmerz und die Wunden anzuschauen und Menschen zu berühren, er weicht nicht aus, er lässt sich berühren und ist ein Heiler im ganzheitlichen Sinn.

Heute habe ich die Geschichte gelesen, in der Jesus berührt und gesalbt wird. Die Frau, die das tut, ist in der Geschichte namentlich nicht genannt, aber sie ist keine Fremde für Jesus.

Die beiden kennen sich. Er genießt die Berührung und Salbung durch die Frau – nennen wir sie Maria. Maria bricht ein Tabu, indem sie durch die Salbung ausdrückt, dass Jesus dem Tod entgegengeht. Sie hat eine Ahnung, eine Intuition. Eine Salbung geschah vor dem

Tod. Maria ahnte, was mit Jesus passieren würde. Sie setzte mit ihrer Salbung ein Zeichen und war ihm nahe in der stummen Berührung, die für ihn so viel ausdrückte, die ihm viel bedeutete, ja, die ihm in der Situation alles bedeutete. Ein heiliger Moment, der wie ein Schutzraum war.

Maria hat Jesus etwas zurückgegeben, was er sonst den Menschen gegeben hat: Mitfühlen und Nähe in einer Situation, in der alle Worte irgendwie falsch geklungen hätten.

Das wünsche ich uns auch: dass wir uns berühren lassen können, dass wir jemanden haben, der uns nahe ist und einfach da ist. Menschen und Gott. So dass wir Gottes Angebot erfahren und spüren, der sagt: »Ich bin da, ich halte dich.«

Ich habe ein schönes Öl mitgebracht, mit dem ich jetzt zu Ihnen einzeln kommen möchte und Ihnen ein Kreuz mit dem duftenden Öl auf die Hand oder auf die Stirn malen möchte. Eine kleine Salbung, eine duftende Berührung. Sie dürfen erst am Öl riechen und mir dann sagen, wo Sie das Kreuz gemalt haben möchten. Wenn ich es auf die Hand male, können Sie dann noch länger daran riechen.

16

JESUS HAT ANGST

Einführung

Es geht um die Geschichte, in der Jesus im Garten Gethsemane kurz vor seiner Gefangennahme betet. Ich beschäftige mich mit den unterschiedlichen Gefühlen, die in der biblischen Geschichte spürbar werden: Angst, Traurigkeit, Ärger und Mut. Welche können die Teilnehmenden entdecken? Ich blicke auf die Parallelen zu uns: Was können wir machen, wenn wir Angst haben? Was hilft? Was gibt uns Mut und Zuversicht, Schweres auszuhalten. Interessant ist, dass sich in der Geschichte die verschiedenen Sterbephasen finden lassen: Verleugnung, Ärger, Verhandeln, Trauer und Einwilligung.

Bibeltext

Mk 14,32-42 Jesus in Gethsemane

Lieder

- Er weckt mich alle Morgen (EG 452)
- Bleibet hier und wachet mit mir (EG 789.2. CD: Gesänge aus Taizé)
- Meine Hoffnung und meine Freude (in: »Himmel, Erde, Luft und Meer«, Nr. 181, siehe Anhang. CD: Leben aus Gottes Kraft)

Ansprache

Ich habe Ihnen die Geschichte vorgelesen, in der Jesus im Garten Gethsemane zu Gott betet. Jesus hatte drei seiner Jünger gebeten, ihm ganz nahe zu sein. Die drei schlafen aber immer wieder ein.

In dieser Geschichte werden mehrere Gefühle deutlich, die Jesus erlebt. Haben Sie etwas davon gespürt? Welche Gefühle von Jesus konnten Sie wahrnehmen? *(Austausch)*

Ich kann folgende Gefühle bei ihm wahrnehmen: Traurigkeit, Angst, Ärger auf Petrus/auf alle Jünger (vielleicht sogar auf Gott?), Mut und Hingabe, denn am Ende willigt Jesus ein in das, was geschehen wird!

Jesus spürt oder weiß, dass er sterben wird. Das löst sehr viele unterschiedliche Gefühle in ihm aus.

Er ist traurig, dass sein Leben zu Ende gehen wird. Er hat Angst vor dem Tod bzw. vor dem Sterben! Er ist auch ärgerlich, hier in dieser Geschichte auf Petrus und die Jünger, die schlafen, anstatt bei und mit ihm zu wachen. Vielleicht wird hier unterschwellig ja auch sein Ärger auf Gott spürbar, den er selbst vermutlich nie so benennen würde. Mit Gott hadern: »Gott, warum muss ich sterben? Ich hatte noch so vieles vor! Warum lässt du das zu? Wenn es möglich ist, dann lass diesen Kelch an mir vorbeigehen. Bewahre mich vor dem Tod, hilf mir!« Jesus versucht, mit Gott zu verhandeln.

Er hat Angst und betet. Das ist alles sehr menschlich! Er spürt, dass die Beziehung zu Gott ihm helfen kann, mit seiner Angst umzugehen und gestärkt zu werden.

Hier ist Jesus ganz Mensch mit allen Gefühlen, die auch uns überfallen, wenn wir uns mit unserem Ende auseinandersetzen. Wir treten ein in eine Art Gefühls-Prozess, in dem wir diese Gefühle erleben.

Und schließlich willigt Jesus mutig und gestärkt ein in das, was vor ihm liegt. »Lasst uns gehen, es nimmt jetzt alles seinen Weg.«

Es hat ihm geholfen, seine Angst auszudrücken und im Gebet an Gott abzugeben. Was für ein Prozess ist da innerlich in ihm abgelaufen!

Und die Jünger: Sie halten die Angst Jesu nicht aus. Sie schlafen immer wieder ein, obwohl Jesus sie bittet, mit ihm zu wachen. Ich stelle mir vor, dass sie Jesus noch nie so verzweifelt und ängstlich erlebt haben. So kennen sie ihn nicht. Das verunsichert sie bestimmt. Sie sind wohl sehr erschöpft nach einem langen Tag. Aber darüber hinaus kann Schlafen auch eine Art Abwehr oder auch ein Schutzmechanismus sein: Wenn ich nicht mehr kann, wenn es innerlich zu viel ist, dann sorgt mein Körper für sich. »Schlaf ist die beste Medizin«, heißt es in einem geflügelten Wort.

Für die Jünger ist die Ankündigung des Todes Jesu ähnlich wie für uns, wenn wir uns mit dem Sterben von Familienmitgliedern oder Freunden auseinandersetzen müssen. Schwer auszuhalten, kostet Kraft, macht auch Angst und erschöpft.

Was tut mir dann gut? Schlafen, wenn es geht! Und meine Kraftquellen anzapfen. Manchmal kostet es etwas Mühe, die wiederzuentdecken: Was tut mir gut? Was hilft mir, die Angst auszuhalten! Was bringt mich ein Stück wieder ins Gleichgewicht?

Was baut Sie wieder auf, was hilft Ihnen in schweren Zeiten? *(Austausch)*

Für mich ist das die Musik: selbst musizieren oder meine Lieblingsmusik hören, oder einen schönen Film gucken. Mir hilft auch, alles, was mich belastet und bedrückt oder was mich ängstigt, im Gebet in den Himmel zu schicken und in Gottes Hände zu legen.

Oder ich suche mir jemanden, der einfach zuhört und mit aushält, was kaum auszuhalten ist. Für viele Menschen ist auch die Natur eine Kraftquelle: einen schönen Spaziergang machen, gemeinsam mit anderen sein, mit Familie, Freundinnen und Freunden, das Leben feiern und schöne Momente genießen. Und dann gestärkt mit neuem Mut weitergehen, mit Gott und Menschen an der Seite. Angst darf sein. Traurigkeit kennen wir auch alle. Ärger ist ein Motor für uns, etwas zu verändern. Gottvertrauen stärkt uns und verhilft uns zu neuem Mut.

17

DA KRÄHTE DER HAHN

Einführung

Es geht um die Verleugnung des Petrus, wie sie der Evangelist Markus erzählt. Die Lesungen der Ankündigung der Verleugnung und die Erzählung der Verleugnung selbst werden während der Ansprache eingestreut. Die Wandlung des Petrus wird beleuchtet. Erst nimmt er den Mund voll und tritt selbstbewusst und mutig auf, dann scheitert er aus Angst kläglich an seinen Ansprüchen, er weint und schämt sich. Der Hahn (auf vielen Kirchtürmen) erinnert an die Geschichte und ermutigt uns zur Stärke. Und doch steht die Gnade Gottes über allem.

Bibeltexte

Mk 14,27a, 29-31
Mk 14,66-72

Lieder

- Herr, stärke mich, dein Leiden zu bedenken, bes. Strophe 6 (EG 91)
- »Nada de turbe«: Gesang aus Taizé, evtl. nur zum Zuhören mit Hinweis auf die Übersetzung: Nichts soll dich ängstigen (in: »Himmel, Erde, Luft und Meer«, Nr. 172, CD: freiTöne Stick)
- Holz auf Jesu Schulter (EG 97)
- Bleib mit deiner Gnade bei uns (EG 789.7. Gesang aus Taizé, gleichnamige CD)

Ansprache

Wir befinden uns in der Passionszeit und hören heute eine weitere Erzählung der Passionsgeschichte. In der vorletzten Andacht habe ich die Geschichte gelesen, dass Jesus von der Frau gesalbt worden ist. Das hat Jesus gut getan und ihn gestärkt, denn er spürte schon, dass er dem Tod nahe sein könnte. Dann hielt er mit seinen Jüngern Abendmahl. Zum Abschluss gingen sie alle hinaus an den Ölberg. Da ergab sich folgendes Gespräch zwischen Jesus und Petrus.

(Ich lese Mk 14,27a, 29-31).

Was für ein Petrus ist das, von dem uns da berichtet wird? Wie erleben Sie ihn? Wie ist er so? *(Austausch)*

Ein selbstbewusster Typ ist er. Er sagt: Ich bin anders als alle anderen. Ich werde mich nicht über dich ärgern. Ich doch nicht! Jesus weist ihn zurecht: Du wirst mich verleugnen, du wirst sagen, dass du mich nicht kennst, wenn es zum Schwur kommt. Du wirst mich sogar dreimal verleugnen, bevor der Hahn zweimal kräht.

Aber Petrus bleibt stolz und mutig, ja geradezu übermütig. Er sagt: »Selbst wenn ich mit dir sterben müsste, dann würde ich dich trotzdem nicht verleugnen. Ich stehe zu dir, koste es, was es wolle.« Petrus nimmt den Mund ziemlich voll! Ja, das lässt sich so leicht sagen, aber wenn es dann wirklich so weit ist, sieht es anders aus.

Letztes Mal haben wir die Geschichte von Jesus im Garten Gethsemane gehört: Jesus betet, er hat Angst. Drei seiner Jünger sind auch mit ihm im Garten. Petrus ist auch dabei. Alle drei schlafen immer wieder ein. Und kurz danach wird Jesus verhaftet und gefangen genommen. Petrus folgt Jesus, der vor den Hohepriester zum Verhör geführt wird. Petrus bleibt in der Nähe und wärmt sich am Feuer. Er will Jesus weiter nahe sein, dabeibleiben. Nicht weglaufen. Er will mitkriegen, was weiter geschieht. Was dann weiter passiert, lese ich jetzt vor:

(Ich lese Mk 14,66-72)

Wie haben Sie Petrus jetzt erlebt? Wie geht es ihm? *(Austausch)*

Petrus hat Angst! Von seinem stolzen Übermut ist nichts geblieben. Es kommt, wie Jesus es vorausgesagt hat: Dreimal sagt Petrus, dass er Jesus nicht kenne. Dann kräht der Hahn zum zweiten Mal.

Petrus erinnert sich an die Worte Jesu und weint.

Er ist verzweifelt und traurig. Und er schämt sich vermutlich. Was ist übergeblieben von seinen überheblichen stolzen Ankündigungen? Nichts. Er ist doch nicht anders als alle anderen. Er ist doch ganz »normal«. Er hat Angst, Todesangst. Er schafft es nicht, zu seinem Versprechen zu stehen.

Jesus wusste vorher, dass Petrus in Todesangst nicht zu ihm stehen würde. Er hat es angekündigt. Er hat Petrus jedoch nicht verurteilt. Jesus kennt alles, was menschlich ist. Er selbst hat Todesangst erlebt. Er schaut barmherzig und freundlich auf Petrus, der nicht so mutig sein kann, wie er gern möchte und angekündigt hat. Um Petrus wird es dann erst mal still in den Erzählungen des Evangeliums. Von ihm wird nicht mehr berichtet. Er steht nicht unter dem Kreuz, als Jesus gekreuzigt wird.

Jesus schaute ihn an: Ich weiß, wer du bist, Petrus, und wie du bist. Du bist nicht mutiger als andere. Auch wenn du es gerne wärst. Ich lasse dich deswegen aber nicht fallen. Ich halte an dir fest. Ich bleibe dabei: Du sollst eine wichtige Rolle in Zukunft spielen.

Wissen Sie, was auf den meisten evangelischen Kirchtürmen ganz oben zu sehen ist? *(Austausch)*

Es ist ein Hahn. Er dreht sich im Wind, so wie Petrus sich auch mit dem Wind gedreht hat, als ihm der Gegenwind ins Gesicht gepustet hat. Der Hahn erinnert uns an diese Geschichte. Er ermutigt uns zur Standhaftigkeit und zum Mut.

Trotzdem wissen wir: Gottes Gnade ist größer als alles andere, wenn wir selbst in Angst sind und nicht so können, wie wir gerne möchten. Ich möchte Ihnen gern ein Lied aus Taizé vorspielen. Es heißt auf Spanisch: »Nada te turbe«. Das Lied spricht uns zu: »Nichts beunruhige dich, nichts ängstige dich. Wer Gott hat, dem fehlt nichts. Gott allein genügt.« (Siehe »Die Gesänge aus Taizé, Edition Taizé, Freiburg i. Br. Lied 50)

18

DIE FRAU DES PILATUS TRAUT SICH WAS

Einführung

Im Mittelpunkt steht Vers 19 aus Mt 27. Dieser Vers vom Traum der Frau des Pilatus ist nur im Mt-Evangelium zu finden. Mitten in dem Prozess Jesu schickt die Frau des Pontius Pilatus ihrem Mann einen Boten und lässt ihn warnen: »Habe du nichts zu schaffen mit diesem Gerechten; denn ich habe heute viel erlitten im Traum um seinetwillen.« Sie nimmt ihren Traum ernst und folgt ihrem inneren Impuls, dass der Traum eine wichtige Botschaft für sie hat. Sie versucht, ihren Mann zu warnen. Das ist mutig. Wie gut können wir selbst unseren Impulsen folgen?

Bibeltext

Mt 27,1-2.11-24 Jesus vor Pilatus

Lieder

- Befiehl du deine Wege (EG 361)
- Von guten Mächten (EG 65)
- Bewahre uns, Gott (EG 171)

Ansprache

Jesus wird der Prozess gemacht. Pontius Pilatus, der römische Statthalter, verhört Jesus.

In der Erzählung gibt es einen Vers, zu dem ich mir heute einige Gedanken machen möchte. Plötzlich wird der Prozess unterbrochen. Es kommt jemand zu Pontius Pilatus, der ihm eine Nachricht von seiner Frau bringt. Den Namen seiner Frau kennen wir nicht. Seine Frau lässt ihm ausrichten: »Habe du nichts zu schaffen mit diesem Gerechten; denn ich habe heute viel erlitten im Traum um seinetwillen.«

Die Frau des Pilatus traut sich was! Sie hat geträumt in der Nacht. Sie hat gelitten im Traum um Jesus. Was hat sie wohl geträumt? Wir können es nur vermuten. Es muss ein schrecklicher Traum gewesen sein, vielleicht ein Alptraum. Vielleicht hat sie genau das vorausgesehen, was dann später mit Jesus passiert ist? Dass er gekreuzigt wurde?

Manche Menschen haben ja solche »Gesichte«, wie es heißt, dass sie Geschehnisse voraussehen können. Das ist häufig auch eine Last, unter der diejenigen ächzen. Ihr Traum muss so bedrängend gewesen sein, dass sie es wagt, ihrem Mann eine Botschaft zu senden, obwohl er gerade mitten im Prozess ist.

Hören wir der Frau des Pilatus zu, wie ging es ihr wohl nach dem Aufwachen? »Was war das bloß für ein Traum heute Nacht?

Schrecklich. Ich habe gesehen, wie Jesus gekreuzigt wurde. Das kann doch nicht wahr sein! Das darf nicht passieren. Ich habe doch so vieles Gute von ihm gehört. Gott selbst weint darüber. Ich habe es gesehen im Traum. Der Himmel schwarz, ein schreckliches Unwetter. Wir, die wir in der Nähe waren, wollten zu Jesus, aber wir klebten wie am Boden fest, konnten nicht vom Fleck, nicht zu ihm laufen, auch nicht weglaufen. Hilflos und ohnmächtig musste ich zusehen, wie Gott stirbt. Das kann nicht sein. Das darf nicht sein. Das muss ein großer Irrtum sein. Mein Herz ist so unruhig. Es klopft wie verrückt, es ist kurz vor dem Zerspringen. Ich muss etwas tun. Das darf nicht passieren. Was kann ich bloß tun? Jetzt laufen gerade die Verhandlungen, der Prozess. Ich muss meinen Mann warnen. Er muss wissen, dass da Unrecht geschieht. Er darf nicht daran beteiligt sein. Ein schreckliches Verbrechen. Ich würde am liebsten sofort hinlaufen und ihn stoppen. Aber das geht ja nicht. Was kann ich bloß tun? Vielleicht kann ich jemanden zu ihm schicken mit einer Warnung? Aber mache ich mich da nicht lächerlich? Und ist das nicht auch peinlich für meinen Mann, wenn jemand mit einer Botschaft von mir zu ihm kommt? Mitten in der Verhandlung? Ich habe Angst. Wird er mich ernst nehmen? Na gut, er weiß ja, dass ich manchmal die richtigen Dinge voraussehe. Ich muss es einfach tun. Ich muss einfach allen Mut zusammennehmen und meine Stimme erheben. Wenn ich es nicht tue, dann mache ich mir bestimmt Vorwürfe später. Vielleicht steht mir der Gott von Jesus bei, von dem er immer so vieles erzählt und in dessen Namen er Menschen heilt. Hilf mir!«

So ähnlich könnte die Frau des Pilatus vielleicht gedacht und gesprochen haben. Sie nimmt ihren inneren Impuls ernst und kommt ins Handeln. Sie schickt einen Boten.

Kennen Sie so etwas? Dass Sie einen inneren Impuls haben? Einen kleinen Gedanken oder ein Bauchgefühl? Manchmal meldet sich ja so eine innere Stimme, besonders wenn wir Zweifel an etwas haben. Können Sie dann innehalten und auf sich selbst hören und den inneren Impuls ernst nehmen? Auch wenn es Mut kostet, ihn zu äußern? *(Austausch)*

Pilatus bekommt die Nachricht seiner Frau. Wie geht es ihm wohl damit? Vielleicht denkt er Folgendes:

»Ich glaube es nicht. Meine Frau hat ja Nerven. Stört sie einfach diese Verhandlung. Jetzt bin ich ganz aus dem Konzept. Na gut, ich weiß, dass sie schon so oft Recht hatte mit dem, was sie voraussieht und fühlt. Aber was kann ich schon tun? Tatsächlich weiß ich auch nicht, was mit dem Jesus eigentlich los ist. Hat er denn etwas Böses getan? Ich weiß es nicht, ich habe nichts gehört in dieser Richtung. Ich kann ja nichts machen, das Volk will ihn hängen sehen. Aber ich wasche meine Hände in Unschuld. Ist es richtig so? Kann ich mutiger sein? Kann ich etwas verhindern? Ach, das könnte mich vielleicht meine Stellung kosten. Ich halte mich lieber raus.«

Pilatus hat auch Zweifel, ob er das Richtige tut, aber er spielt das Spiel mit. Pilatus wird zum Mittäter! Die Nachricht seiner Frau hat ihn zwar nicht unberührt gelassen, aber seine Angst ist größer. Er lässt es laufen, dass Jesus verurteilt und gekreuzigt wird.

Die Frau des Pilatus hat sich getraut, ihrem inneren Impuls zu trauen und eine Warnung auszusprechen. Sie wird sichtbar mit ihrem Protest, mit ihrer Warnung. Sie wird sich später keinen Vorwurf gemacht haben nach dem Motto: »Ach hätte ich mal was gesagt, ich hatte doch so ein Gefühl.«

Ich wünsche uns allen, dass wir unseren inneren Impulsen Beachtung schenken, sie ernst nehmen und umsetzen können. Die Frau des Pilatus ist uns ein Beispiel dafür.

19

GESICHTER DER PASSION (KARFREITAG)

Einführung

Wir gehen über die Bildkarte »Kreuz mutabor« ins Gespräch. Im Original ist sie farbig. Die Künstlerin Julia Antonia hat die Gesichter, die in Form eines Kreuzes angeordnet sind, blind gemalt. Damit will sie die innere Befindlichkeit der Menschen unter dem Kreuz ausdrücken. Wir können uns selbst in den Gesichtern der Trauer erkennen. Ich gehe weiter auf das Thema Trauer ein. Das Teilen von Trauer nimmt uns mit auf den Weg der Hoffnung.

Material

Für die Teilnehmerinnen je ein Bildkarte »Kreuz mutabor – Ich werde verwandelt werden« (Gottesdienst-Institut Nürnberg: »mutabor-blindportrait-kreuz« [2006], Bestellnummer: 1322).

Bibeltext

Joh 19,16-30 Kreuzigung Jesu

mutabor-blindportrait-kreuz von Julia Antonia, Berlin (2006); Originalgröße 280 x 190 cm; Tusche/Acryl/Holzritzung.

Lieder

- O Haupt voll Blut und Wunden (EG 85)
- Holz auf Jesu Schultern (EG 97)
- O Mensch, bewein dein Sünde groß (EG 76)

Ansprache

Austeilen der Bildkarte.

Was sehen Sie? *(Wir tauschen uns aus über die Gesichter, die zu sehen sind.)*

Die Künstlerin Julia Antonia hat die Gesichter dieses Kreuzes als blinde Gesichter gezeichnet. Dabei tritt sie in einen inneren Monolog und meditativen Dialog mit der Person ein, die sie zeichnen möchte. So will sie die inneren Zustände einer Person darstellen. Es entsteht eine »ungeschminkte Begegnung« mit sich selbst, mit dem Verdrängten und Verborgenen.

Die Künstlerin hat Gesichter der Menschen gezeichnet, die um Jesus trauerten. Die entsetzt unter dem Kreuz miterlebten, wie Jesus, der Gott und Menschen liebte, am Kreuz starb. Mit ihm starb ihre Hoffnung auf Erneuerung, auf menschenwürdiges Leben miteinander. Die Gesichter sind verschoben, doppelt, unvollständig, manchmal ist eine Hand zu sehen, ein Auge vergrößert oder fehlt gar, oder es ist außerhalb des Kopfes. Die Menschen sind außer sich. Auf den Bildern ist der innere Zustand zu sehen.

Es sind Gesichter der Trauer. Trauer und Verzweiflung erschüttern uns in unseren Grundfesten. Alles verschwimmt, verrutscht, nichts mehr ist am richtigen Platz. Trauer wirft uns in einen Zustand, den ich als zittrig und ängstlich, verwirrt und verschwommen beschreiben möchte. Die Frage nach Gott drängt sich in der

Trauer auf: Gott, wo bist du? Wie kannst du das zulassen? Ich bin untröstlich? Woher kommt mir Hilfe? Gott, warum hast du mich verlassen?

Auch wir selbst mit unseren erlebten Verletzungen, Ängsten und Verzweiflungen können uns in den Gesichtern erkennen. Leiden hat viele Gesichter! Im Denken an das, was in der Karwoche, an Karfreitag geschah, legen wir unsere eigenen Erfahrungen von Schmerz und Trauer mit hinein in die Gesichter.

Die Gesichter des Bildes sind verzerrt, erschüttert, verstört, aus dem Rahmen gefallen. Es gibt keine schnelle Rückkehr aus der Trauer ins unbeschwerte Leben. Trauer braucht Zeit!

Es sind von Leid gezeichnete Gesichter, die sich in vier rechteckigen Winkeln um das Kreuz ordnen. Die Gesamtheit aller Bilder ergibt ein Kreuz und gleichzeitig bilden sie durch die Aussparung in der Mitte ein weißes Kreuz.

In der Lesung des Evangeliums haben wir gehört, dass sich Jesus vom Kreuz aus an seine Mutter und seinen Lieblingsjünger wendet und zu ihnen sagt: »Frau, siehe, das ist dein Sohn« und zu dem Jünger: »Siehe, das ist deine Mutter.« Der Tod und die Trauer um Jesus verbinden Menschen. Vielleicht hat Jesus vom Kreuz auf die Menschen hinuntergeschaut und sie so gesehen, wie die Gesichter auf der Karte gezeichnet sind. Er hat auf ihren Gesichtern die innere Befindlichkeit gesehen. Und weist die Menschen, die unter dem Kreuz stehen, zueinander. Gemeinsam trauern und gemeinsam weitergehen, das lindert die Not ein wenig. Auch heute ist es so: In der Trauer nicht allein sein hilft, den Schmerz zu teilen und zu ertragen.

Wir wissen:

»Es gibt Tage,
an denen die Hoffnung
keinen Namen hat,
keine Farbe und kein Gesicht.
Es gibt Tage,
an denen Verzweiflung
die Macht an sich reißt.
Doch ich lass sie ihr nicht.
Ich kenne Gesichter
und Farben und Namen,
und wenn ich
mich auch kaum erinnern kann,
ich flehe sie an,
beschwör sie
und bitte:
Schickt mir – mitten im Tunnel – ein Licht!«

(Dagmar Knecht, in: »Die Hoffnung hat einen Namen« – Karfreitag [2013] zur Karte »Kreuz Mutabor« – Druckfassung, Gottesdienstinstitut Nürnberg, Bestellnummer 1323)

Im Dunkel der Verzweiflung sehnen wir uns nach Licht und Hoffnung.

Wir wissen: das Licht scheint auf am Ostermorgen. Unsere Hoffnung heißt Jesus Christus. In ihm wird Leid in Trost verwandelt. Halten wir die Hoffnung auf Ostern hin wach! Die Hoffnung gegen die Endgültigkeit des Todes, die Hoffnung auf ewiges Leben. Unser Symbol dafür ist das Kreuz.

20

DAS EI ALS SYMBOL FÜR AUFERSTEHUNG (OSTERN)

Einführung

In der Ansprache gehe ich der Verbindung von Ostern und dem Ei nach. Das ausgepustete Ei wird als Symbol für das leere Grab genauer beleuchtet. Das Schlüpfen des Kükens aus dem Ei wird auf die Auferstehung bezogen.

Material

Ein möglichst großes Ei als Altarschmuck oder/und einen Blumenstrauß, der mit Ostereiern geschmückt wird. Möglicherweise gibt es verschiedene Arten von Ostereiern, die mit Hilfe verschiedener Techniken hergestellt wurden, die auf den Altar gelegt und bei der Begrüßung gezeigt werden können.
Schokoladeneier zum Mitgeben

Psalm

Ps 118,24-29 (gemeinsam)

Bibeltext

Mk 16,1-8 Das leere Grab

Lieder

- Wir wollen alle fröhlich sein (EG 100)
- Christ ist erstanden (EG 99)
- Nun saget Dank und lobt den Herren (zu Psalm 118; EG 294)
- Morgenglanz der Ewigkeit (EG 450)
- J.S. Bach: Osteroratorium, 1. Satz: Sinfonia (https://www.youtube.com/watch?v=JEMD7IrpBmU)

Ansprache

Ostern ist das Fest der Eier – den Eindruck kann man schon bekommen. Kein Osterfest ohne Eier. Eier gibt es in allen möglichen Varianten: traditionell gekocht und gefärbt. Oder ausgepustet und kunstvoll angemalt. Es gibt Eier aus Schokolade, Zuckerguss oder mit leckerer Creme gefüllt. Welche Eier mögen Sie am liebsten? *(Austausch)*

Eier werden auf alle möglichen Weisen gebastelt und verziert. Ein besonders großes Exemplar ziert unseren Altar. Ich möchte gern der Verbindung von Ostern und dem Ei und seiner Symbolik nachgehen.

Ein *ausgepustetes Ei* ist immer ein besonderes Ei. Es ist innen hohl. Es erfordert eine gewisse Kunstfertigkeit, es herzustellen. Das ausgepustete Ei erinnert uns vor allem an das Grab, das Maria und Maria Magdalena und Salome am Ostermorgen aufsuchen: Das Grab ist leer. Es ist kein Jesus mehr darin zu finden. Das ausgepustete Ei ist innen leer. Es ist ein Symbol für das leere Grab.

Ein Ei im Allgemeinen und ein ausgepustetes Ei im Besonderen ist sehr *zerbrechlich*. Schon ein kleiner leichter Zusammenstoß mit etwas Hartem kann die Schale zum Springen oder Zerbrechen bringen. Das erinnert uns an die Zerbrechlichkeit von Leben überhaupt.

Ein rohes Ei ist andererseits unglaublich *stabil*. Wenn jemand das Ei längs zwischen Zeigefinger und Daumen nimmt und ordentlich drückt, dann ist es nicht kaputtzukriegen. Das liegt an der Eiform, die der Schale den größtmöglichen Widerstand gegen Druck von außen ermöglicht. Wäre es anders, dann würde jedes Ei beim Ausbrüten durch die Henne bereits zerdrückt werden.

Zerbrechlich und stabil ist jedes Ei – so wie auch unser Leben zugleich zerbrechlich und stabil ist. Das Ei ist ein Symbol für *Leben*. Aus einem befruchteten Ei entspringt neues Leben. Wir selbst haben uns alle mal aus einem befruchteten Ei entwickelt.

Weiter ist das Ei auch ein Symbol für *Verwandlung*. Es ist schon ein Phänomen, dass das Küken im Ei, wenn es fertig entwickelt ist, anfängt, die Eierschale von innen aufzupicken. Vielleicht hört es ja die Stimme der Henne, die es nach draußen lockt. Und wenn das Küken langsam die Schale aufpickt, um das Leben draußen kennenzulernen, dann geschieht eine wunderbare Verwandlung aus dem Ei hin zum Küken, das sich entfaltet. Das hätte das Küken vorher nie gedacht, was da draußen auf es wartet, und auch wir sehen dem Ei nicht an, was darinnen im Verborgenen wartet.

So ähnlich muss es bei der *Auferstehung* sein. Wo immer wir nach unserem Tod sein werden, hören wir die Stimme Gottes, die uns zu einem neuen Leben ruft, zur Auferstehung. Wie das genau sein wird, können wir uns jetzt noch nicht vorstellen. Aber wir vertrauen fest darauf: Es gibt sie, die Auferstehung zu neuem Leben. Sie verwandelt uns. Wir werden nicht genauso sein wie vorher. Von dem auferstandenen Jesus wird erzählt, dass er zuerst von seinen Freunden nicht erkannt wurde. Jesus ist nicht einfach in sein altes Leben zurückgekehrt. Er wurde verwandelt zu einem neuen Leben. Keiner hat diese Verwandlung gesehen, so wie wir auch nicht von außen die Verwandlung vom Ei zum Küken sehen können.

Wie mag das neue Leben nach der Auferstehung sein? Wir wissen es nicht. Und auch ein Küken kann das nicht vorher wissen, was nach dem Aufpicken der Schale dahinter auf es wartet! Aber es pickt sich durch, weil es ahnt, dass dahinter etwas Gutes auf es wartet. So können auch wir darauf vertrauen, dass nach dem Tod etwas Gutes auf uns wartet. Das Küken folgt der Stimme der Henne, wir folgen der Stimme Gottes, die uns zu neuem Leben ruft. Ein Ei ist der Versuch, etwas von der Verwandlung abzubilden, die in der Auferstehung passiert. Die Verwandlung ist direkt nicht sichtbar und irgendwie geheimnisvoll, aber sie vollzieht sich! Und alle unsere Worte sind immer zu gering, um diese Verwandlung der Auferstehung zu beschreiben.

Auferstehung geschieht nicht erst nach unserem Tod, sondern auch im Hier und Jetzt. Gott ruft uns immer wieder dazu, das Leben wieder neu zu entdecken und zu leben und uns verwandeln zu lassen.

Lassen wir uns von Gott an diesem Osterfest zu neuem Leben ermutigen. Stehen wir auf und feiern das Leben, das uns immer wieder neu geschenkt wird.

21

ICH SEHE WAS, WAS DU NICHT SIEHST

Einführung

Zu Beginn der Ansprache spiele ich mit den Teilnehmerinnen das Spiel »Ich sehe was, was du nicht siehst«. Der spielerische Beginn ist die Hinführung zur biblischen Geschichte von Thomas, der erst die Wundmale in den Händen des auferstandenen Jesus sehen und den Finger in seine Wunde legen will, bevor er glauben kann, dass Jesus auferstanden ist. Wie sind die Teilnehmenden eigentlich selbst zum Glauben gekommen? Darüber möchte ich ins Gespräch gehen.

Bibeltext

Joh 20,19-29 Der Auferstandene begegnet den Jüngern

Lieder

- »Morgenstimmung« von Edvard Grieg: 1. Satz der Peer-Gynt-Suite Nr. 1 (https://www.youtube.com/watch?v=S0Z2m3MXZS8)
- Meine Hoffnung und meine Freude (in: »Himmel, Erde, Luft und Meer«, Nr. 181. CD, siehe Anhang. »Leben aus Gottes Kraft«)
- Bewahre uns, Gott (EG 171)

Ansprache

Heute möchte ich meine Ansprache gern mit einem kleinen Ratespiel mit Ihnen beginnen. Vielleicht kennen Sie das noch von früher. Ich fange mal an: Ich sehe was, was du nicht siehst, und das ist rot. Was könnte das sein, was ich meine? Schauen Sie sich um im Raum, was ist hier rot? ... *(Ich erkläre das Spiel und lasse die Teilnehmenden raten. Je nach der Situation spiele ich es mit den Anwesenden weiter. Vielleicht kann sogar eine der Anwesenden, die das Richtige erraten hat, den nächsten Aufschlag machen)*

In der Lesung der biblischen Geschichte ging es um den auferstandenen Jesus, der durch die geschlossene Tür in das Haus kam, in dem sich die Jünger nach der Kreuzigung versteckt hatten. Sie hatten Angst. Jesus zeigt sich ihnen. Nur Thomas war gerade nicht dabei. Er verpasste Jesus. Er sah ihn also nicht.

»Ich sehe was, was du nicht siehst.« Das könnten die vielen Jünger, die zu Hause waren und Jesus gesehen haben, hinterher zu Thomas gesagt haben. Thomas glaubt ihnen nicht. Er will Beweise, er will Jesus sehen, um zu glauben. Später muss sich Thomas von Jesus anhören: »Selig sind, die nicht sehen und doch glauben.«

Das ist ja genau das »Problem« am Glauben. Glaube ist nicht Wissen, Glaube schaut mit anderen Augen, Glaube schaut tiefer, schaut bis auf den Grund oder in unendliche Weiten.

Menschen kommen unterschiedlich zum Glauben. Petrus und ein anderer Jünger sehen das leere Grab und glauben. Maria sieht und hört die Stimme des Auferstandenen: Sie glaubt und verkündet allen weiter, dass Jesus lebt. (Bezug: Joh 20,1ff)

Wie sind Sie zum Glauben gekommen? Wissen Sie das noch? Was war der Anstoß, der Auslöser? *(Ich gebe evtl. Anregungen: Haben Sie biblische Geschichten gehört? Von Ihren Eltern, Großeltern oder im Kindergottesdienst? Oder durch Musik? Oder andere Erfahrungen? In der Kirche oder woanders? Welche Rolle spielen andere Menschen?)*

Wir sehen heute Jesus in der Regel nicht. Wir sind auf andere Wege angewiesen, wie wir zum Glauben kommen. Nach der Auferstehung hat sich die Botschaft immer mehr verbreitet: Jesus ist auferstanden! Er lebt, er ist nicht im Tod geblieben. Jesus wurde von immer mehr Jüngern gesehen. Nur Thomas war nicht dabei, als Jesus kam. Als die anderen ihm davon berichten, dass Jesus nicht tot sei, sondern lebt, sagt er: »Erst wenn ich die Wundmale in den Händen Jesu sehe und meinen Finger in seine Wunde lege, dann glaube ich das.«

Eine Woche später erscheint Jesus wieder, diesmal ist auch Thomas anwesend. Jesus grüßt alle mit dem Friedensgruß: Friede sei mit euch. Dann wendet er sich an Thomas und fordert ihn auf: Reiche deinen Finger her und sieh meine Hände und reiche deine Hand her und lege sie in meine Seite und sei nicht ungläubig, sondern gläubig.

Thomas sieht und glaubt, er berührt Jesus gar nicht, sondern bekennt: Mein Herr und Gott.

Jesus sagt zu ihm: Weil du mich gesehen hast, Thomas, darum glaubst du. »Selig sind, die nicht sehen und doch glauben!«

Dieser Hinweis gilt auch uns heute. Wir sehen Jesus nicht, können uns aber innerlich berühren lassen von den biblischen Geschichten, von der Botschaft Jesu.

Wir können von Gottes Liebe und Zuwendung erfahren, der zu uns sagt: Ich bin da, ich halte dich, ich helfe dir. Jesus ist nicht im Tod geblieben, sondern auferstanden!

Lassen wir uns berühren! Glaube ist nichts, was wir verstehen können, was wir anfassen können. Sondern Glaube heißt, sich dem heilenden und liebenden Gott anzuvertrauen und zu sagen: Mein Gott, auf dich vertraue ich, von dir lasse ich mich tragen, von dir lasse ich mich aufrichten.

Wie geht das: glauben?

Einfach mal ausprobieren. Sich versenken in Gebet und Geschichten und die Tiefe spüren, die darinnen ist. Die Kraft spüren, die Zuversicht, die uns geschenkt wird. Die hoffnungsvollen Worte hören und sie sich zusagen lassen. Glaube kann man nicht machen, Glaube ist ein Geschenk, für das wir uns öffnen können und warten, dass wir berührt werden vom göttlichen Geist.

Es gibt Menschen, die sagen: »Ich möchte so gern glauben, aber ich kann es nicht. Ich spüre nichts.« Glaube ist nichts, was wir erzwingen können. Glaube heißt vertrauen: Ich lasse mich fallen in die Hände einen größeren, der oder die mich trägt. Der ich mein Leben anvertraue über den Tod hinaus. Lassen wir uns berühren und hoffnungsvoll vertrauen auf die Botschaft: Jesus ist auferstanden.

22

WANN DER TAG BEGINNT

Einführung

Es geht um die jüdische Legende, in der der Rabbi seine Schüler fragt, wann der Tag beginnt. Ich lasse die Anwesenden auch raten. Ich beziehe mich in der Auslegung der Geschichte auf die »Goldene Regel« und auch auf das Leben im Altersheim. Als Lieder eignen sich alle Morgenlieder und als Musik die »Morgenstimmung« von Grieg. Passend zum Thema beten wir zu Beginn den Psalm 57,8-12 gemeinsam. Ich drucke die Verse zusammen mit einem schönen Bild vom Morgenrot über dem Meer ab. Über das Bild kommen wir zu Beginn der Psalmlesung ins Gespräch.

Psalm

Ps 57,8-12 Ich will das Morgenrot wecken (gemeinsam)

Bibeltexte

Mt 5,1-12 Seligpreisungen
Mt 7,12 Goldene Regel

Lieder

- Morgenlicht leuchtet (EG 455)
- All Morgen ist ganz frisch und neu (EG 440)
- Nimm mich an, so wie ich bin (Mennonitisches Gesangbuch Nr. 157)
- Als Musik: Grieg, Morgenstimmung (s.o. S. 95)

Ansprache

Heute möchte ich mit einer kleinen Geschichte beginnen, es ist eine jüdische Legende:

Ein Rabbi fragt seine Schüler, wann die Nacht aufhöre und der Tag beginne. Einer der Schüler antwortet: »Beginnt der Tag, wenn man einen Zwetschgenbaum von einem Pfirsichbaum unterscheiden kann?« Der Rabbi verneint. Ein zweiter Schüler antwortet: »Beginnt der Tag, wenn man einen Esel von einem Hund unterscheiden kann?« Wieder verneint der Rabbi.

Jetzt frage ich mal Sie: haben Sie auch eine Idee, was Sie auf die Frage antworten würden, wann der Tag beginnt? *(Austausch)*

Nachdem der Rabbi die Ideen der Schüler mehrmals abgewiesen hat, drängen die Schüler den Rabbi: »Sag uns doch die richtige Antwort. Wann hört die Nacht auf und wann beginnt der Tag?«

Der Rabbi antwortet: »Die Nacht hört auf, wenn du in ein menschliches Gesicht schaust, und es wird heller Tag, wenn du in diesem Gesicht deinen Bruder, deine Schwester erkennst.«

Eine interessante Antwort des Rabbi, finde ich. Und überraschend.

Wer aufmerksam in ein fremdes Gesicht schaut, kann einiges ablesen über die Stimmung, die das Gegenüber gerade hat: Ist es Freude oder Kummer, sind Tränen da oder anderes, was Rückschlüsse auf den inneren Zustand ziehen lässt? Ist jemand bedrückt oder glücklich? Oder sind andere Emotionen sichtbar? Ärger oder Verzagtheit?

Die Nacht hört auf, wenn du in ein menschliches Gesicht schaust. Einander wahrnehmen, anschauen, und vielleicht sogar nachfragen, und so jemandem bewusst begegnen. Das heißt so viel wie: »Du bist mir nicht egal, ich nehme dich wahr, ich will wissen, wie es dir geht, ich frage nach dir.« Wer das erlebt, der erfährt, dass es ein bisschen heller wird und die Nacht vorüber ist! In der Nacht ist es dunkel, man sieht kaum, man fühlt sich allein und manchmal ist sogar Angst da. Ich denke, dass Nacht auch im übertragenen Sinne verstanden werden kann.

Und noch viel mehr: Nicht nur die Nacht ist vorbei, sondern es wird heller Tag, wenn du in dem fremden Gesicht deinen Bruder oder deine Schwester erkennst. Obwohl wir Menschen alle Individuen sind, haben wir doch einiges gemeinsam. Daran gilt es, sich immer wieder zu erinnern und das zu entdecken, bei allem Respekt für die Unterschiede, die natürlich auch da sind.

In der Kirche reden wir davon, dass wir Brüder und Schwestern sind. Eine große Familie. Durch die Taufe werden wir zu Mitgliedern in dieser Familie, die weltweit und grenzenlos miteinander verbunden ist. Und wie schön, wenn wir diese Familie auch auf die Menschen ausdehnen, die nicht getauft sind. Einfach weil sie Menschen sind, wie du und ich. Das ist eine zutiefst christliche Haltung. Jesus hat sich auch Menschen zugewandt, die nicht jüdisch waren.

Ein biblischer Satz ist mir wichtig. Er wird als die »Goldene Regel« bezeichnet und steht in der Bergpredigt von Jesus: »Alles nun, was ihr wollt, dass euch die Leute tun sollen, das tut ihnen auch.« (Mt 7,12) Im Volksmund gibt es einen ähnlichen Spruch: »Was du nicht willst, das man dir tu, das füg auch keinem anderen zu.« Wenn wir beides mehr beherzigen würden, dann hätte die Welt wohl ein menschlicheres Gesicht. Wenn wir einander anschauen und uns geschwisterlich verbunden fühlen, dann wird es immer wieder heller Tag um uns herum. Möge es gelingen!

Wen sehen Sie morgens als erstes? Wer ist der Mensch, den Sie zuerst wahrnehmen? *(Austausch)*

Der erste Blick am Morgen hier im Haus trifft andere Mitbewohnerinnen und Mitbewohner. Vielleicht auch eine Mitarbeiterin oder einen Mitarbeiter. Schauen Sie mal genauer hin. Was bewegt den anderen/die andere? Und wie schön, dass sie da ist – so sind Sie in dem Moment nicht allein.

Gott hat nur unsere Augen, um zu schauen. Leihen wir Gott unsere Augen und schauen den Menschen an, der uns begegnet. Sie ist unsere Nächste in diesem Moment. Erkennen wir in dem Moment: Du bist ein Mensch wie ich. Mit ähnlichen Bedürfnissen. Reiche ihr die Hand und erkenne: Schwester! Reiche ihm die Hand und erkenne: Bruder!

23

TAGE MIT GOLDRAND

Einführung

»Tage mit Goldrand« sind ganz besondere Tage, an denen etwas besonders Schönes geschieht, das den Alltag durchbricht und zum Glänzen bringt. Ich möchte mit den Teilnehmerinnen auf Spurensuche gehen und sie für diese besonderen Momente sensibilisieren, sie wahrzunehmen und zu genießen und Gott dafür zu danken.

Material

Kopie des Psalms

Aus Psalm 57

In der Übertragung von Jörg Zink

Ich will das Morgenrot wecken

Mein Herz ist getröstet, Gott,
ich will singen und spielen.
Wach auf, meine Seele, wach auf!
Wacht auf, Leier und Harfe!
Aus dem Dunkel der Nacht
will ich das Morgenrot wecken.
Ich will dir danken, o Gott,
ich will dir spielen unter den Menschen.
Denn deine Güte reicht,
soweit der Himmel ist,
und deine Treue,
soweit die Wolken gehen.
So gib uns dein Licht an diesem Tag
und sei uns nahe mit deiner Wahrheit.
Amen.

Lieder

- Wach auf, mein Herz, und singe (EG 446)
- Die güld'ne Sonne (EG 449)
- Morgenglanz der Ewigkeit (EG 450)

Ansprache

Was verbinden Sie mit der Farbe Gold? Und wofür steht Gold?
Fallen Ihnen Geschichten/Märchen/Bibelverse zu Gold ein?
(Austausch mit den Teilnehmerinnen)

Heute habe ich ein besonderes Thema mitgebracht: ein Tag mit Goldrand. Was meinen Sie, was könnte das bedeuten: ein Tag mit Goldrand? *(Austausch)*

Kennen Sie das? Da geschieht an einem Tag etwas Wunderbares und völlig Unerwartetes? Etwas, das einen sonst ganz gewöhnlichen Tag verwandelt in einen besonderen Tag? In einen »Tag mit Goldrand«, der ganz sicher nicht vergessen wird, sondern als besonders glänzend und bedeutungsvoll in Erinnerung bleibt. So als käme direkt ein Goldstrahl aus dem Himmel und berühre und erleuchte uns und vergoldet unseren Tag. Solche Tage mit Goldrand machen die Seele leicht und das Leben lebenswert, sie sind ein Geschenk! Sie nähren uns eine lange Weile. Wir brauchen solche Tage und die Erinnerung an solche besonderen Tage mit Goldrand. Manchmal ist es auch nur ein ganz besonderer Moment, der uns in Erinnerung bleibt. Wenn ich an ihn zurückdenke, dann stellt sich so ein warmes goldenes Gefühl ein, das mich durchströmt und mich glücklich macht.

Können Sie sich an solche Tage oder Momente erinnern? Denken Sie mal zurück: Was war für Sie ein Tag mit Goldrand? Was vergoldet Ihnen einen Tag? *(Austausch)*

Ich möchte Ihnen gern eine wahre Geschichte erzählen. Ich war ja früher in einem Krankenhaus als Seelsorgerin tätig. Mit einer Patientin war ich ab und zu im Kontakt, wir schrieben E-Mails. Sie war sehr lungenkrank und konnte nicht mehr gut laufen. Sie hatte einen elektrischen Skooter, mit dem sie durch die Gegend fuhr, wenn es ihr gut genug ging. Sie hatte immer ihr Sauerstoffgerät dabei, ohne das sie nicht mehr genug Luft zum Atmen hatte. Sie hatte es schwer und verlor doch nie den Mut. Eine beeindruckende Frau! Sie schrieb mir mal folgendes Erlebnis:

»Gestern Vormittag bin ich mit meinem Skooter losgefahren. Es zog mich wieder in eine bestimmte Richtung, dorthin wo sehr schöne alte Häuser stehen mit wundervollen Gärten und herrlichen großen Bäumen: Idylle pur. In der Nähe ist eine Schule. Da erfreue ich mich an den spielenden Kindern auf dem Schulhof. Ich fahre dann oft sehr langsam, schaue mir die Blumen in den Vorgärten an, die Balkonkästen oder die wunderschönen Fenster, Dachgiebel, es gibt viel zu sehen!

Auf meiner Rückfahrt kam plötzlich eine Frau aus der Tür ihres Hauses und rief mir zu: »Bitte warten Sie!« Ich war verwundert. Sie kam auf mich zu und überreichte mir einen kleinen wunderschönen Blumenstrauß!

Da saß ich nun mit dem Strauß in meinen Händen, und die Frau sagte, sie habe mich, wie schon des Öfteren vorher, an ihrem Haus vorbeifahren sehen. Da ist sie schnell zur Wiese gelaufen, hat die Blumen gepflückt und zum Strauß gebunden und hat gehofft, dass ich diesen Weg wieder zurückfahre.

Ich hatte vor Freude Tränen in den Augen und habe ihr gesagt, dass sie mir den Tag vergoldet habe; da bekam sie auch feuchte Augen und meinte, ich dürfe jederzeit auf ihr Grundstück fahren, in ihren Garten und wenn sie da sei, koche sie Kaffee für uns.

Es war Sonne und Glück pur!!!!

Ich bin dann glücklich weitergefahren, den Blumenstrauß vorne in meinem Korb neben dem Sauerstoffgerät, es sah so schön aus! Das Ereignis und die Begegnung waren so wundersam, ich kann es gar nicht beschreiben. Danach empfand ich noch tiefere Freude und Demut: Das Leben ist schön! Danke Gott!«

Ich wünsche uns allen immer wieder so einen Tag mit Goldrand, der den Alltag durchbricht, der unseren Tag zum Glänzen bringt. Und wir voll Jubel und Dankbarkeit wie in dem Psalm, den wir vorhin gebetet haben, einen Jubelruf zum Himmel schicken: Danke Gott, danke! Ich will dir singen und spielen.

24

SINGEND EINEN ANFANG WAGEN (SONNTAG KANTATE)

Einführung

Am Sonntag Kantate (»Singt!«) steht im Mittelpunkt das Lied »Ein Morgen leuchtet hell ins Land« aus dem Buch von Zink/Hufeisen: »Wie wir feiern können«, S. 16f. Es ist auch auf der gleichnamigen CD eingespielt. Der Refrain des Liedes ist der Ansatzpunkt für diese Andacht. Falls das Lied nicht zur Verfügung steht, kann der Refrain vorgelesen werden. Er ist in der Ansprache abgedruckt. Singen und Musik nehmen Stimmungen auf und können Stimmungen verändern. Ich gehe ins Gespräch über die Liedervorlieben der Teilnehmerinnen.

Psalm

Ps 150 (gemeinsam)

Bibeltext

Kohelet/Prediger 3,1-4 Alles hat seine Zeit

Lieder

- Ein Morgen leuchtet hell ins Land (Buch und CD: Jörg Zink/ Hans-Jürgen Hufeisen, Wie wir feiern können [1992])
- Du meine Seele, singe (EG 302)
- Ich singe dir mit Herz und Mund (EG 324)

Ansprache

Bei dem Lied, das ich Ihnen gerade vorgespielt habe, gefällt mir der Refrain besonders. Er lautet: »Lasst uns enden alle Klagen, lasst uns einen Anfang wagen, singend, dass wir nicht verzagen diesen Tag.«

Singen, um nicht zu verzagen. Oh ja, dem kann ich selbst aus vollem Herzen zustimmen. Selbst musizieren und singen, das tut meiner Seele so gut. Das befreit, das beschwingt, das macht Mut für einen neuen Anfang.

Das heißt nicht, dass es keine Klagen und keinen Kummer geben darf. Beides gibt es in unserem Leben. Und beides darf sein. Wer könnte das auch verbieten? Wenn es Kummer und Klagen gibt, dann müssen die raus! Das Lied schlägt uns vor, ab einem bestimmten Punkt die Klagen zu beenden. Es heißt da: »Lasst uns enden alle Klagen.« Das ist eine Erfahrung, die ich auch kenne: Klage und Traurigkeit und Wut und was da alles so in meinem Inneren rumort, das muss erst mal raus. Und dann ist da wieder Platz für etwas Neues. Dann sind die Klagen zu Ende. Ich bestimme also selbst, wie lange ich es brauche zu klagen und wann dann wieder Zeit für einen Neuanfang mit neuem Schwung und neuer Hoffnung ist.

Zusätzlich vielleicht mit einem Blick auf das Schöne, was ich auch noch erlebt habe. Es gibt zum Glück nicht nur Beklagenswertes im Leben, sondern auch anderes. Es tut gut, den Blick dahin zu lenken und sich dankbar dem zuzuwenden, was auch da ist. Und Gott mit einem Lied auf den Lippen für das Schöne zu danken. Und wenn Klage da ist, dann aber bitte nicht unendlich lange und nicht als Einziges. Klage ohne Ende tut uns selbst nicht gut.

Alles hat seine Zeit und darf seine Zeit haben! Im Buch Prediger im Alten Testament heißt es: »Alles hat seine Zeit und jedes Vorhaben unter dem Himmel hat seine Stunde.« Unter anderem heißt es da auch: »Weinen hat seine Zeit, lachen hat seine Zeit, klagen hat seine Zeit, tanzen hat seine Zeit.«

Ich wundere mich, dass das Singen gar nicht extra aufgeführt wird. Ich finde, es könnte genauso gut heißen: Klagen hat seine Zeit, singen hat seine Zeit.

Gesang kann unsere Stimmungen aufnehmen und verwandeln. Singen tut gut. Ich frage Sie jetzt mal: Welche Lieder mögen Sie besonders gern oder singen Sie besonders gern? Welche Lieder tun Ihnen gut und versetzen Sie in eine fröhliche Stimmung? *(Wir gehen in Austausch. Ich weise darauf hin, dass die Teilnehmerinnen alle Arten von Liedern nennen können, nicht etwa nur Kirchenlieder.)*

Manchmal scheint es außerhalb jeder Vorstellung zu sein, zu singen. Bei Beerdigungen z.B. gibt es vorher manchmal den Wunsch, nicht zu singen. Aber wenn es dann doch gewagt wird, dann tut es gut, sich mit den anderen Stimmen gemeinsam zusammenzufinden, mitgetragen zu werden und sich dem Leben wieder singend zuzuwenden. Lieder singen kann unsere Stimmungen aufnehmen und verwandeln.

Beides gehört zum Leben: weinen und lachen, klagen und singen. »Singe, singe, dass der Tag gelinge.« Singen ist ein Geschenk Gottes, dass wir das, was in uns ist, zum Klingen bringen und uns auch selbst wieder neuen Mut zu zu singen.

Ein alter befreundeter Kirchenmusiker zitiert immer wieder den Spruch, der dem Kirchenlehrer Augustinus zugeschrieben wird: »Wer singt, betet doppelt.«

Wer singt, setzt sich in Beziehung zu Gott – nichts anderes ist ein Gebet. Wir setzen uns in Beziehung zu Gott, wenn wir beten und singen: Ich lasse neue Lebenskraft und Lebenslust in mich strömen, die letztlich eine Gotteskraft sind.

Manchmal vergesse ich, wie gut es mir auch tut, mich einfach mal hinzusetzen und Musik zu hören, die ich mag. Ich weiß, welche Musik mir gut tut und mir wieder Zuversicht gibt.

»Lasst uns enden alle Klagen, lasst uns einen Anfang wagen, singend, dass wir nicht verzagen diesen Tag.«

25

VON DER ROSE LEBEN

Einführung

Ausgangspunkt für die Andacht ist das Jesuswort »Der Mensch lebt nicht vom Brot allein, sondern von einem jeden Wort, das aus dem Mund Gottes geht.« (Mt 4,4) Dazu erzähle ich die überlieferte Geschichte von der Pariser Bettlerin, die eine Woche von der Rose lebt, der ihr der Dichter Rilke in die Hand legt. Wir machen die Geste nach (Hand ausstrecken) und kommen darüber ins Gespräch, was wir für unser Herz brauchen, das wir wie ein Geschenk empfangen, weil wir es nicht kaufen können. Wir sind an dieser Stelle wie Bettlerinnen. Möglicherweise gibt es Erinnerungen der Teilnehmerinnen an Zeiten der Flucht, die dann Raum haben dürfen.

Material

Ein Strauß Rosen für den Altar, von dem im Anschluss an die Andacht an jede Teilnehmerin eine Rose verteilt wird.

Bibeltext

Mt 4,1-4 Versuchung Jesu – Anfang

Lieder

- Wenn das Brot, das wir teilen, als Rose blüht (in: »Himmel, Erde, Luft und Meer«, Nr. 69, CD: Meine Zeit in deinen Händen [Paulaner Band])
- Wir strecken unsre Hände aus wie leere Schalen (EG 600)
- Ach bleib mit deiner Gnade bei uns, Herr Jesu Christ (EG 347)
- Da wohnt ein Sehnen tief in uns (in: »Himmel, Erde, Luft und Meer«, Nr. 142, CD: Von Herzen gern)

Ansprache

»Der Mensch lebt nicht vom Brot allein, sondern von einem jeden Wort, das aus dem Mund Gottes geht«, so spricht Jesus zu dem Teufel, der ihn »versuchen«, ihn auf die Probe stellen möchte, ob er nicht vielleicht doch schwach wird und sein Vorhaben zu fasten abbricht. Aber Jesus bleibt sich treu und fällt nicht auf den Vorschlag des Teufels herein, die umliegenden Steine in Brot zu verwandeln.

»Der Mensch lebt nicht vom Brot allein« – passend zu diesem Satz aus dem Mund Jesu möchte ich Ihnen eine Geschichte erzählen:

Der Dichter Rainer Maria Rilke befand sich einmal in Paris. Mit einer Freundin kam er mittags an einem Platz vorbei, an dem eine Bettlerin saß und ihre Hand ausstreckte.

Niemals sah sie zu jemandem auf, der ihr etwas in die Hand legte. Sie äußerte kein anderes Zeichen der Bitte oder des Dankes, als immer nur ihre Hand auszustrecken. So saß sie immer am gleichen Ort.

Der Dichter Rilke gab nie etwas, während seine Freundin häufig ein Geldstück gab. Die Freundin fragte ihn eines Tages verwundert, warum er nie etwas gebe. Rilke antwortete: »Wir müssen ihrem Herzen schenken, nicht ihrer Hand.«

Wenige Tage später brachte Rilke eine eben aufgeblühte weiße Rose mit und legte sie in die offene und abgezehrte Hand der Bettlerin. Und er wollte weitergehen. Da geschah das Unerwartete:

Die Bettlerin blickte auf, sah den Geber, erhob sich mühsam von der Erde, tastete nach der Hand des fremden Mannes, küsste sie und ging mit der Rose davon.

Eine Woche lang war die alte Frau verschwunden. Der Platz, an dem sie vorher gebettelt hatte, blieb leer. Vergeblich suchte die Freundin Rilkes eine Antwort darauf, wer wohl jetzt der Alten Geld gebe.

Nach acht Tagen saß plötzlich die Bettlerin wieder wie früher am gewohnten Platz. Sie war stumm wie damals, wiederum zeigte sie nur ihre ausgestreckte Hand. »Aber wovon hat sie denn all die Tage, da sie nichts erhielt, nur gelebt?«, fragte die Freundin Rilkes. Er antwortete: »Von der Rose.«

Ich möchte Sie einladen, mal Ihre Hand nach vorn auszustrecken, so wie es die Bettlerin aus der Geschichte Tag für Tag tut. *(Ich mache es vor)* Wie fühlt sich das an für Sie? *(Austausch über die entstehenden Gefühle und Gedanken, möglicherweise auch über den in der Kriegszeit und danach erlebten Hunger auf der Flucht und das Angewiesen Sein auf die Freundlichkeit und Gnade anderer Menschen.)*

Auch wir leben von den Rosen, die uns in die Hände gelegt werden! Auch im übertragenen Sinne.

Wovon leben Sie? *(Austausch über erfahrene »Geschenke« im Leben, auch hier und heute im Altersheim. Was wird Ihnen hier in die Hände gelegt?)*

Die Geschichte regt mich an zum Nachspüren. Da sitzt eine Bettlerin am Straßenrand und hält die Hand auf und schaut nicht auf, wenn ihr ein Geldstück in die Hand gelegt wird. Ob es ihr peinlich ist, dass sie um Geld und Zuwendungen betteln muss? Bestimmt! Kann man tiefer fallen, als auf die Gnade anderer Menschen angewiesen zu sein?

Beim weiteren und tieferen Nachdenken kommt mir der Gedanke, dass wir alle angewiesen sind auf das wirklich Wichtige im Leben, was unser Herz satt macht, was wir uns nicht kaufen können: Wir sind angewiesen auf Liebe, auf Zuwendung, auf Freundschaft. Für diese Geschenke halten wir die Hände und unsere Herzen auf.

Auch der Glaube ist ein Geschenk. Wir können es nicht »machen«, dass wir glauben können. Es geschieht vielmehr. Glaube kommt auf uns zu, und wir dürfen ihn empfangen, die Hände öffnen und uns den Glauben in unser Herz legen lassen. »Der Mensch lebt nicht vom Brot allein, sondern von einem jeden Wort, das aus dem Mund Gottes kommt.«

Es gibt ein sehr schönes, nicht so bekanntes Lied in unserem Gesangbuch (EG 600). Es handelt auch von offenen, ausgestreckten, leeren Händen. Ich möchte Ihnen gern zwei Strophen davon vorlesen:

»Wir strecken unsre Hände aus wie leere Schalen. Gib Leben aus der Quelle, Gott, die nicht mit unsrer Kraft verrinnt.

Das Wunder neuer Schöpfung sucht die leeren Hände. Du, Gott, gibst Gutes, du allein: Komm, wohne unsrer Armut ein.«

»Kann man tiefer fallen?«, so fragte ich vorhin. Die Frage ist eigentlich absurd! Eigentlich müsste es genau andersherum heißen: Kann man höher steigen, als zu erkennen, dass auch ich – wir alle? – eine Bettlerin bin, die die Hände öffnet und darauf wartet, dass ihr eine Rose hineingelegt wird.

Mögen wir an Leib und an der Seele immer wieder satt werden. So möchte ich Ihnen heute am Ende der Andacht nach dem Segen auch gern eine Rose vom Strauß auf dem Altar in die Hände legen.

26

ICH WILL EUCH TRÖSTEN, WIE EINEN SEINE MUTTER TRÖSTET (MUTTERTAG)

Einführung

Im Mittelpunkt steht die Bildkarte »In Gottes Händen« von Sieger Köder. Die farbige Karte ist hier in schwarz-weiß abgedruckt. Im Jahr 2016 war die Jahreslosung aus Jes 66,13: »Gott spricht: Ich will euch trösten, wie einen seine Mutter tröstet.« Ich stelle mit dem Vers einen Bezug zum Muttertag her und bedenke gleichzeitig das Bild von Gott als Mutter. Bei dem Lied »Herr, von dir kommt alles Leben« kann die 2. Strophe zweimal gesungen und beim zweiten Mal das Wort »Vaterhände« durch »Mutterhände« ersetzt werden. Das Lied »Du bist da« bezieht sich direkt auf Ps 139 und nimmt in Strophe 2 Bezug zur Mutter. Am Ende der Andacht kann das »Vater unser« durch ein »Mutter unser« ersetzt werden.

Material

Für jede Teilnehmerin eine Karte des Bildes von Sieger Köder: »In Gottes Händen.« Erhältlich bei: https://shop.verlagsgruppe-patmos.de/in-gottes-haenden-618761.html

Psalm

Ps 139,1.3-10 (gemeinsam)

Bibeltext

Jesaja 66,13 Gott tröstet wie eine Mutter

Lieder

- Da wohnt ein Sehnen tief in uns (in: »Himmel, Erde, Luft und Meer«, Nr. 142, CD: Von Herzen gern)
- Nähme ich Flügel der Morgenröte (in: »Das Liederbuch. lieder zwischen himmel und erde«, Nr. 262) Das Lied findet sich auf der CD: Bettina Thurner: Liebe)
- Du bist da, du bist da, bist am Anfang der Zeit (in: »Das Liederbuch. lieder zwischen himmel und erde«, Nr. 179, CD: Kommt, atmet auf)
- Du verwandelst meine Trauer in Freude (in: »Himmel, Erde, Luft und Meer«, Nr. 123)

Ansprache

Ich habe Ihnen heute ein Bild mitgebracht, das möchte ich Ihnen gern zuerst austeilen. Was sehen Sie? *(Austausch und Ergänzung durch folgende Beobachtungen:)*

Es ist ein Gesicht zu sehen, das von zwei Händen umfasst wird. Die Hände sind im Vergleich zum Gesicht sehr groß. Es könnte sich um ein Kindergesicht handeln. Der Daumen der linken Hand liegt an der Wange des Kindergesichts. Überhaupt sieht es so aus, als würde die ganze Hand über den Kopf streichen, während die rechte Hand den Kopf hält.

Das Bild ist in Regenbogenfarben getaucht. Regenbogenfarben

durchziehen die Hände. Auch die Hände werden von einem Regenbogenring umfasst. Das Gesicht ist an einigen Stellen weiß, die Wangen glühen rot. Der Mund ist leicht zum Lächeln verzogen.

Was drückt das Bild für Sie aus? *(Austausch)*

Ich frage mich, ob der kleine Junge oder das kleine Mädchen vielleicht vorher geweint hat; die großen dunklen Augen und die roten Wangen könnten darauf hinweisen. Das Bild drückt für mich Zärtlichkeit aus, gehalten sein, Trost.

Der Maler dieses Bildes ist Sieger Köder. Er hat viele biblische Geschichten in Bilder umgesetzt. Zu diesem Bild passt ein besonderer Vers. Er steht im Buch des Propheten Jesaja und lautet: Gott spricht: Ich will euch trösten, wie einen seine Mutter tröstet. (Jes 66,13)

Am nächsten Sonntag ist Muttertag. Deswegen habe ich dieses Bild ausgesucht. Mit Mutter verbinde ich: gehalten werden, getröstet werden. Eine Mutter ist einfach da, breitet die Arme aus, ist da, hält mich, wenn ich traurig bin, wenn ich Trost brauche, wenn ich mich alleine fühle.

Ich denke, dass nicht jede von uns diese Erfahrung unbedingt mit der eigenen Mutter verbindet. Im Gegenteil gibt es leider auch ganz andere Erfahrungen mit Müttern, die keine gute Beziehung zu ihren Kindern eingehen können. Das Bild drückt eher das Idealbild einer Mutter aus: So *könnte* es sein. Und es wäre so schön, wenn es so wäre oder gewesen wäre. Oder: So möchte ich selbst sein oder gewesen sein als Mutter (oder Vater).

Gott spricht: Ich will euch trösten, wie einen seine Mutter tröstet.

Was verbinden Sie mit Ihrer Mutter? *(Austausch)*

Gott spricht: Ich will euch trösten, wie einen seine Mutter tröstet.

Das ist erst mal ein ungewöhnliches Bild für Gott: Gott als Mutter denken und so empfinden. Wir sind gewohnt, das »Vater unser« zu beten, aber ein »Mutter unser«? Die Bibel kennt so viele ganz verschiedene Bilder für Gott: Vater, Mutter, Kraft, Burg, Feuer, Sonne, ja auch die Henne ist ein Bild für Gott. Wie können wir Gott, den/die wir nicht sehen können, beschreiben? Doch immer nur mit Bildern, die wir kennen, die etwas von dem ausdrücken, wie wir uns Gott vorstellen.

Gott spricht: Ich will euch trösten, wie einen seine Mutter tröstet. Trost brauchen wir doch immer mal, egal, wie alt wir sind. Was tröstet Sie? *(Austausch)*

Trost ist für mich: wenn jemand einfach da ist und hört, ohne Verurteilung, mich versteht, mich in den Arm nimmt und mitfühlt, mich hält.

Das Bild auf der Karte, auf dem ein kleines Gesicht von großen Händen zärtlich umschlossen und gehalten wird, erinnert mich an innere und erlebte Bilder: Da schließt ein Erwachsener, eine Mutter, natürlich auch ein Vater, ein Kind in die Arme, ohne viel zu sagen, nimmt es einfach so an, wiegt es vielleicht, hält es. Die Arme und Hände könnten die Arme und Hände Gottes sein. Vorhin haben wir Verse aus Psalm 139 gebetet. Der Vers 5 aus dem Psalm passt gut zu dem Bild: Von allen Seiten umgibst du mich, Gott, und hältst deine Hand über mir. Und: Unsere Hände sind eine Verlängerung von Gottes Händen.

Die Regenbogenfarben im Bild erinnern mich an Übergänge vom Regen zur Sonne, denn nur dann erscheint der Regenbogen. Ein tröstliches und hoffnungsvolles Bild für Übergänge: Wenn es dunkel in mir ist, dann hilft mir eine Umarmung, dass ich Trost erfahre und hoffe, dass die Sonne wieder scheinen wird.

Gott spricht: Ich will euch trösten, wie einen seine Mutter tröstet. Danke, Mutter. Danke, Gott.

27

ATEM DES LEBENS (PFINGSTEN)

Einführung

Pfingsten ist das Fest des Heiligen Geistes. Wie sollen wir den Heiligen Geist verstehen? Er ist flüchtig, nicht sichtbar, aber spürbar. Nennen wir ihn auch Ruach, Geisteskraft, Windhauch, belebender Atem oder Sturmwind. Es wird um unseren Atem gehen, der in der Übersetzung von Luther »Odem« heißt. Nach der gemeinsamen Lesung der Verse aus Psalm 104 leite ich über in eine Atem-Meditation. Zur Sichtbarmachung unseres Atems verteile ich anschließend ein Windrad und lasse die Anwesenden pusten, damit sich das Windrad dreht. Es kann auch intensiv mit dem Arm hin- und her bewegt werden, damit es sich dreht, falls der Atem zu schwach ist. (Das ist eine Aktion, die allen Spaß macht!)

Material

Für jede Teilnehmerin ein Windrad. Zu kaufen ist es beim Gottesdienstinstitut Nürnberg (www.shop.gottesdienstinstitut.org). Es gibt zwei unterschiedliche Designs: Windrad »Himmel«

Artikel Nr. 2142, oder Windrad »Gräser«, Artikel Nr. 2143. Die Windräder werden vor der Andacht schon zusammengebaut. Die Anleitung dazu gibt es online.

Die Windräder stehen zu Beginn der Andacht in einer oder zwei Vasen auf dem Altar.

Psalm

Ps 104,24.27-31.33 (gemeinsam)

Bibeltext

Apg 2,1-13 Das Pfingstwunder

Lieder

- Komm, Heil'ger Geist, mit deiner Kraft (in: »Himmel, Erde, Luft und Meer«, Nr. 29)
- Einer hat uns angesteckt mit der Flamme der Liebe (in: »Das Liederbuch. lieder zwischen himmel und erde«, Nr. 318)
- Gott gab uns Atem (EG 432)
- Ich singe dir mit Herz und Mund (EG 302)

Ansprache

In dem Psalm haben wir das alte Wort Odem gehört bzw. gelesen. Wer von Ihnen weiß, was Odem bedeutet? Es heißt Lebensatem. Eine andere Übersetzung schreibt: Geisteskraft.

Lebensatem – Odem – Heilige Geisteskraft – Heiliger Geist: Alles das ist eines!

Am Anfang der Bibel heißt es: Gott erweckt die ersten Menschen zum Leben, indem er die Menschen anbläst, ihnen Atem einhaucht. Hier in diesem Psalm heißt es: Gott schickt seinen Odem, seinen Lebensatem – so werden wir geschaffen; er nimmt unseren Lebensatem zurück, so sterben wir. Pfingsten ist das Fest, an dem der Heilige Geist wie ein Sturm auf uns kommt und uns bewegt und begeistert. Atem-Geist-Kraft alles ist miteinander verbunden, alles ist eins.

Atmen heißt Leben! Meist atmen wir, ohne dass uns das bewusst ist. Es geschieht einfach. Ich möchte Sie gern zu einer kleinen Atemübung einladen. Das ist ganz einfach: Es geht darum, dass Sie jetzt bewusst auf Ihren Atem achten.

Setzen Sie sich bitte möglichst bequem hin. Wenn Sie mögen, legen Sie eine Hand auf den Bauch. Spüren und beobachten Sie einfach, was passiert, wenn Sie einatmen.

Einatmen ist ja kein aktiver Vorgang, sondern Ihr Atemimpuls setzt von ganz alleine ein. Wir könnten auch sagen: Wir werden geatmet. Bleiben Sie ganz entspannt. Warten Sie ab, bis Sie automatisch einatmen. Das geschieht von ganz allein. Der Atem fällt ganz nach unten in den Bauch. Dann bewegt sich der Bauch leicht nach außen. Das ist die Bauchatmung, die ganz natürlich ist, wenn wir uns dem Atmen überlassen.

Lassen Sie den Atem in sich fließen – danach genießen Sie die kleine Stille, wenn sich die Bewegung umkehrt und die Luft im

Ausatmen wieder nach außen fließt. Nach dem Ausatmen genießen Sie wieder die kurze Stille, die kurze Pause, bis der automatische Atemreflex wieder einsetzt und die Atmung wieder tief bis in den Bauch hineinfällt.

Beobachten Sie einfach nur. Vielleicht mögen Sie die Augen schließen und sich der Atmung überlassen. Nehmen Sie wahr, wie Sie atmen oder geatmet werden.

Der Atem fließt von alleine bis tief in Ihren Bauch, der Bauch dehnt sich nach außen aus, kurze Pause, dann fließt die Luft wieder raus, kurze Pause und so geht der Kreislauf des Atems immer wieder weiter. Nehmen Sie ihn einfach bewusst wahr für eine kleine Weile.

(Eine Weile so bleiben)

Lassen Sie ruhig die Augen geschlossen, während ich zum Abschluss dieser kleinen Atemübung ein Gebet spreche:

Gott, Heilige Geisteskraft, Lebensatem, atme mich, begeistere mich, erfülle mich mit Lebensfreude. Richte mich auf, gib mir Weite, stärke mich für jeden neuen Tag. Ich danke dir. Ich möchte singen und jubeln. Amen.

Aktion:

Ich möchte Sie einladen, Ihren Atem sichtbar zu machen. Sie sehen hier auf dem Altar Windräder stehen. Ich komme jetzt herum und jede von Ihnen bekommt ein Windrad. Pusten Sie es an, damit es sich dreht.

Unser Lebensatem setzt das Windrad in Bewegung. Unser Atem wird sichtbar. Wir machen Pfingsten sichtbar. Und wir danken Gott für unseren Lebensatem.

Falls das nicht gut geht, bewegen Sie es einfach mit Ihrem Arm schnell hin und her. *(Ich mache es vor)* Dann dreht es sich auch durch die Luft hier im Raum.

28

WIR BLÜHEN AUF

Einführung

Diese Andacht braucht etwas Vorbereitung. Auf der nächsten Seite finden Sie einen Umriss einer Papierseerose mit 8 Blättern. Kopieren Sie die Blüte etwas größer und schreiben Segensverse in die Mitte (Beispiele für die Verse siehe unten). Dann kopieren Sie die fertigen Seerosen auf farbiges Papier. Schneiden Sie die Seerosen aus und falten die Blütenblätter eins nach dem anderen in die Mitte, so dass nur noch ein rundes Papier überbleibt. Das letzte Blütenblatt wird ebenso nur in die Mitte gefaltet, auf keinen Fall noch zusätzlich unter das erste gesteckt! Wird die Papierseerose ins Wasser gelegt, öffnen sich die Blätter eins nach dem anderen und der Spruch in der Mitte wird sichtbar. Das ist eine schöne Aktion, die überrascht, schön aussieht und Spaß macht.

Am Ende der Ansprache sucht sich jede Teilnehmerin eine geschlossene Papierblume aus. Anschließend gehe ich mit einer Schale Wasser herum, jede legt ihre Blume in die Schale, und wir schauen zu, wie sich die Blütenblätter langsam öffnen. Dann lesen wir den Vers, der in der Mitte sichtbar wird, laut für alle vor.

Material

Für jede Teilnehmerin eine Papierseerose
Ein Körbchen für die Papierseerosen
Eine Schale mit Wasser

Vorschläge für die Texte der »Seerosen«:

- Gott spricht: Ich will euch trösten, wie einen seine Mutter tröstet.
- Gott wird abwischen alle Tränen.
- Gott spricht: Fürchte dich nicht, ich bin mit dir.
- Jesus spricht: Ich bin bei euch alle Tage bis an der Welt Ende.
- Die auf Gott harren, empfangen neue Kraft.
- Gott spricht: Rufe mich an in der Not, so will ich dich erretten.

- Gott hat seinen Engeln befohlen, dass sie dich behüten.
- Selig sind, die Leid tragen, denn sie sollen getröstet werden.
- Gott spricht: Ich will dich nicht verlassen, noch von dir weichen.
- Ihr seid das Licht der Welt.
- Von allen Seiten umgibst du mich und hältst deine Hand über mir.
- Ich will dich segnen und du sollst ein Segen sein.
- Du stellst meine Füße auf weiten Raum.
- Gott segne und behüte dich. Gott behüte deine Seele.
- Gottes Geist beflügle deine Phantasie.
- Gottes Atem erfülle dich.
- Gott spricht: Ich will euch geben Zukunft und Hoffnung.
- Gott ist mein Hirte. Mir wird nichts mangeln.
- Diesen Tag macht Gott. Lasst uns uns freuen und fröhlich sein.
- Dein Wort ist meines Fußes Leuchte und ein Licht auf meinem Weg.
- Du bist wie ein Baum, der am Wasser gepflanzt ist.
- Ihr seid das Salz der Erde.
- Gott behüte dich vor allem Übel, er behüte deine Seele.
- Christus spricht: Ich lebe und du sollst auch leben.
- Gottes Segen erfülle dich und öffne dich.

Bibeltext

Mt 6,25-30 Sorgt euch nicht

Lieder

- Geh aus mein Herz (EG 503)
- Alle Knospen springen auf (in: »Kommt, atmet auf, ihr sollt leben«, Nr. 62)
- Ich singe dir mit Herz und Mund (EG 324)

Ansprache

Draußen strahlt uns das reinste Blütenmeer entgegen. Bäume, Büsche und Blumen blühen in vielen schönen Farben. Diese frische Energie können wir für uns nutzen. Wir blühen auch auf!

Jetzt ist es Zeit, mehr Licht, Farbe und Freude ins Leben zu bringen! Aufblühen bedeutet, bei sich selbst anzukommen und voller Freude das Leben zu leben. Wie eine Blume, die in ihrer ganzen Schönheit strahlt. Nehmen wir uns ein Beispiel an der Natur und blühen wir auch selbst auf. Einige Ideen dafür habe ich mitgebracht.

Das Wichtigste beim Aufblühen ist, die schönen Seiten des Lebens wahrzunehmen und zu genießen! Es gibt unzählige Gründe, Freude zu empfinden – wenn wir nur genau hinschauen. Vielleicht ist es das Lachen eines Kindes, der blühende Apfelbaum, der ruhige Moment bei dem ersten Kaffee am Morgen oder ein Überraschungsbesuch. Versuchen Sie mal, diese Momente bewusst wahrzunehmen und bewusst zu genießen. Was genießen Sie im Moment besonders? Was macht Ihnen besondere Freude? *(Austausch)*

Die strahlenden Frühlings-Blüten erinnern uns auch daran, uns nicht mehr zu verstecken. Schmücken wir uns doch mal besonders: Vielleicht es ein auffälliges Kleidungsstück, eine neue Frisur, mal ein Lippenstift oder eine neue Gewohnheit, die mir guttut.

Sie muss nicht gleich das Leben auf den Kopf stellen: Schon kleine Schritte helfen, um sich erfüllter und selbstbewusster zu fühlen. Erschaffen wir uns Momente, in denen wir aufblühen können.

Und noch etwas – Glücks-Studien zeigen immer wieder: Den meisten von uns geht es am besten, wenn wir uns mit anderen verbunden fühlen. Nehmen Sie doch mal wieder Kontakt auf: zu Freunden, Familie, Nachbarn und Mitbewohnerinnen.

Die Verwandlung von der Knospe zur Blüte zeigt deutlich: Der Schlüssel ist, sich zu öffnen, um zu strahlen und auszustrahlen. Und zwar für die vielen Möglichkeiten des Lebens, für alles Schöne, für Zuversicht und Optimismus.

Eine Blume blüht selten allein. Das Schöne ist: Indem wir selbst aufblühen, bringen wir auch mehr Freude und Leichtigkeit für andere. Denn Glück ist ansteckend. Indem wir unser Glück teilen, tragen wir Gutes in die Welt hinaus. Und das braucht die Welt. Gott ist mit uns. Vieles blüht von allein. Und trotzdem: Gott braucht uns, um das Schöne und Gute aufblühen zu lassen. Fangen wir bei uns selbst an! Dann strahlen wir automatisch aus und um uns herum blüht es auch auf.

Ich habe eine Papierblume für Sie mitgebracht. Noch ist es eine »Knospe« *(ich halte sie hoch)*, aber wenn wir sie ins Wasser legen, dann blüht sie auf und wird quasi zur Seerose. Ich komme jetzt zuerst mit dem Körbchen mit den Papierblüten herum, es sind verschiedenfarbige Blumen darin. Nehmen Sie sich bitte eine raus und warten Sie dann, bis ich mit einer Schale Wasser zu Ihnen komme. Dann legen Sie die Papierknospe hinein und wir schauen zu, wie sie sich öffnet. *(Ich verrate noch nicht, dass dann ein Segensvers in der Blumenmitte erscheint.) Der wird dann auch vorgelesen.*

29

ICH BIN GETAUFT AUF DEINEN NAMEN – MIT TAUFERINNERUNG

Einführung

Ich gehe mit den Teilnehmerinnen über das Thema Taufe ins Gespräch: Wer ist wann getauft, wie sind Sie zum Glauben gekommen (durch Eltern, Großeltern, Kindergottesdienst, Konfirmand*innenzeit), und wie haben Sie es selbst mit der Taufe gehalten, falls Sie Kinder haben. Am Ende der Ansprache biete ich eine Tauferinnerung bzw. für die nicht Getauften einen Segenszuspruch an, begleitet von einem Wasserkreuz, das ich auf die Stirn male. In der Begrüßung zeige ich die Schale mit Wasser auf dem Altar und frage, wer eine Idee hat, was heute das Thema sein könnte, wenn es um die Verbindung von Kirche und Wasser geht.

Material

Eine Schale mit Wasser

Bibeltext

Mk 1,(1-8),9-11 Jesu Taufe

Lieder

- Er weckt mich alle Morgen (EG 452)
- Ich bin getauft auf deinen Namen (EG 200)
- Herr, wir bitten, komm und segne uns (in: »Himmel, Erde, Luft und Meer«, Nr. 38, CD: Meine Zeit in deinen Händen [Paulaner Band])

Ansprache

Heute habe ich Ihnen die Geschichte von der Taufe Jesu gelesen. Im Neuen Testament finden wir keinen Hinweis darauf, dass Jesus selbst getauft hat. Aber seine eigene Taufe mit der wunderbaren Zusage Gottes: »Du bist mein lieber Sohn, an dir habe ich Wohlgefallen«, ist die Orientierung für unsere eigene Taufpraxis bis heute.

Heute werden Täuflinge in der Regel nicht mehr mit dem ganzen Körper unter Wasser getaucht, sondern ihre Stirn wird dreimal mit einer Hand voll Wasser übergossen.

Die Taufe ist eine Heilige Handlung, ein Sakrament. In dem Sakrament der Taufe kommen Wasser und dieses Bibelwort zusammen. Während des Übergießens mit Wasser wird gesagt: »Ich taufe dich im Namen Gottes des Vaters, des Sohnes und des Heiligen Geistes.«

Die Taufe bei uns ist ein besonderes Ereignis im Leben des Täuflings und meist noch mehr für die Eltern. Mit der Taufe geben Eltern ihr Kind bewusst in die Hand Gottes. Viele von uns sind sicher als

Babys getauft und haben keine Erinnerung daran. Vielleicht gibt es Bilder von uns als Täufling.

Wer von Ihnen ist denn als Baby getauft worden? Geben Sie doch mal Handzeichen. *(Austausch)* Ist jemand von Ihnen als Jugendlicher im Konfirmandenunterricht oder als Erwachsene getauft worden? Wie haben Sie es selbst gehandhabt, wenn Sie Kinder haben? Haben Sie sie taufen lassen, als sie noch Babys waren, oder nicht? *(Wir gehen ins Gespräch zu den Themen, die bei den Teilnehmerinnen Resonanz finden.)*

Heute wird ja oft gesagt, dass sich Kinder später selbst entscheiden sollen, ob sie getauft werden wollen. In beiden Fällen, wenn Kinder getauft werden oder auch nicht, müssen sie ja etwas vom Glauben erfahren, damit sie wissen, wofür oder wogegen sie sich entscheiden können, falls sie nicht getauft sind. Und die Getauften sollen natürlich erfahren, in welchen Glauben hinein sie getauft sind. Es hängt wohl immer daran, wie wichtig den Eltern der eigene Glaube ist.

Haben Sie selbst von Ihren Eltern eine religiöse Erziehung bekommen? Häufig spielen Großeltern eine wichtigere Rolle als die Eltern in der religiösen Erziehung. Wie war das bei Ihnen? *(Austausch darüber, woher die Teilnehmenden etwas vom Glauben erfahren haben, ob durch die Eltern oder durch Kindergottesdienst, KonfirmandInnenunterricht oder wodurch auch immer.)*

Wenn bei uns jemand getauft wird, dann gehört immer auch ein biblischer Vers als Taufspruch dazu. Früher wurde der von dem taufenden Pastor oder der Pastorin ausgesucht, heute dürfen die Eltern meist einen Vers aussuchen, der dem Kind mit auf den Weg gegeben wird bei der Taufe. Er soll an die Begleitung Gottes erinnern und Trost und Hoffnung in schweren Zeiten sein.

Kennt jemand von Ihnen den eigenen Taufspruch? *(Austausch)*

Mit der Taufe werden wir in die große weltweite Gemeinschaft der Christinnen und Christen hineingetauft. Wir gehören zu einer größeren Familie, als es die eigene kleine Kernfamilie ist. Diese beiden Familien, die kleine und die große, begleiten uns ins und durch das Leben.

Sie sehen heute hier auf dem Altar eine Schale mit Wasser stehen. Ich möchte jetzt gern mit der Schale herumgehen und Ihnen einen Segen geben. Dazu tauche ich meinen Finger ins Wasser und male Ihnen ein Wasserkreuz auf die Stirn. Wenn Sie getauft sind, dann ist das eine Erinnerung an Ihre Taufe. Wenn Sie nicht getauft sind, dann ist es ein Segenszuspruch. Dazu werde ich jeweils sagen: »Du bist Gottes geliebte Tochter (geliebter Sohn). Gott freut sich über dich. Gott segne dich.«

Wenn jemand das nicht möchte, dann sagen Sie es einfach.

30

DÜNNE ORTE

Einführung

Den Begriff »Dünne Orte« habe ich in dem Buch »Wilde Stille« von Raynor Winn entdeckt. An einem »dünnen Ort« sind besondere spirituelle Erfahrungen möglich, weil die Grenze zwischen Diesseits und Jenseits da besonders dünn ist. Die Verbindung zu Gott bzw. zum Reich Gottes ist dort intensiv zu spüren. Solche Orte sind besonders in der Stille der Natur zu finden. Als Ergänzung zu dem biblischen Text erzähle ich in der Ansprache von zwei in der Literatur beschriebenen dünnen Orten (von Raynor Winn, Wilde Stille, und Hape Kerkeling, Der Junge muss an die frische Luft). Ich erzähle weiter von einer eigenen spirituellen Erfahrung und frage die Anwesenden nach deren möglichen Erfahrungen an »dünnen Orten«.

Psalm

Ps 122 (gemeinsam)

Bibeltext

1. Kön 19,11-13 Elia am Berg Horeb

Lieder

- Der Himmel geht über allen auf (in: »Himmel, Erde, Luft und Meer«, Nr. 36; CD: den himmel erden [variabel])
- Instrumental: Sound of Silence (besonders schön auf der gleichnamigen CD von dem Gitarristen Milos)
- Schweige und höre (in: »Himmel, Erde, Luft und Meer«, Nr. 39; CD: Von Herzen gern)
- Lobe den Herren, den mächtigen König der Ehre (EG 316)

Ansprache

Wir haben von Elia gehört, der Gott begegnet. Auf dem Berg Horeb, auf der Sinaihalbinsel. Elia begegnete Gott nicht etwa im starken Wind, auch nicht im Erdbeben oder im Feuer. Sondern Elia hörte Gott aus einem stillen, sanften Sausen zu ihm sprechen.

Wo kann es Begegnungen mit Gott geben? In der Bibel sind es tatsächlich oft die Berge oder die stille Natur, oder abgelegene Orte in der Wüste, wo es zu Gotteserfahrungen kommt. Im Psalm 121, den wir gerade gemeinsam gesprochen haben, heißt es am Anfang: »Ich hebe meine Augen auf zu den Bergen. Woher kommt mir Hilfe?« Gott wird also als über dem Berg wohnend gedacht. Und das teilen auch andere Religionen mit der alttestamentlichen Sicht.

Letztens bin ich auf einen interessanten Begriff gestoßen für solche Orte, wo wir Gott ganz nahe kommen können: Das sind sogenannte »dünne Orte«. Ich habe davon in einem Buch gelesen.

Es war das Buch »Wilde Stille« von der englischen Autorin Raynor Winn. Sie erinnert darin eine Wanderung, die sie gemeinsam mit ihrem Mann auf der schottischen Insel Mull unternommen hatte.

Beide waren von der Natur auf dieser Insel überwältigt. Als sie auf dem höchsten Punkt der Insel verweilten und die Natur rund um sich herum betrachteten, sahen sie sattes grünes Land, das auf der vulkanischen Erde sanft zum Meer abfiel.

Ein prächtiger Steinadler kreiste in der Luft, den die Nachmittagssonne rot färbte. Sie erlebten eine kraftvollen Stille. Es war eine Erfahrung, die sie tief spirituell berührte. Sie fühlten sich als ein Teil dieser Natur. Sie konnten ihre Gefühle kaum in Worte fassen. (Raynor Winn, Wilde Stille, S. 107).

Danach setzten sie über auf eine weitere sehr kleine Insel mit Namen Iona. Dort gibt es eine alte Klosteranlage, die ein spirituelles Zentrum des Christentums ist. Dort begegnen sie einem Klosterbewohner. Der ist empört, dass die beiden nicht im Kloster beten wollen, sondern sich nur umsehen möchten. Es kommt fast zu einer Art Streitgespräch.

Raynors Mann erzählt, dass sie gerade eine spirituelle Erfahrung in der wilden Natur in einer besonderen Stille auf der Nachbarinsel hatten. Der Klosterbewohner ist pikiert.

Seiner Meinung nach gibt es ohne Gott keine Spiritualität. Und dann spricht er von einem »dünnen Ort«. Ein dünner Ort sei ein Ort, wo der Mensch dem Jenseits bzw. dem Reich Gottes näherkommen könne. (S. 108) Mir gefällt der Begriff »dünner Ort«. Ich stelle mir vor, dass an einem dünnen Ort das Jenseits, Gott, das Reich Gottes ganz nahe und spürbar ist. Ein dünner Ort ist durchlässig für Gott.

Der Klosterbewohner sieht das jedoch sehr exklusiv: Nur das Kloster, in dem er lebt, sei so ein dünner Ort, weil Menschen darin seit Jahrhunderten Gott anbeten. Er betont, dass es außerhalb des Klosters keine dünnen Orte gebe.

Das Ehepaar fühlt sich nicht verstanden und verlässt das Klostergelände. Vielleicht kannte der Klosterbewohner die Geschichte von Elia nicht?

Haben Sie auch schon mal ein spirituelles Erlebnis gehabt, bei dem Sie sich mit Gott verbunden fühlten oder sich selbst auf einzigartige Weise in der Natur mit allem verbunden erlebten? Wo Sie sich durchdrungen fühlten von einer besonderen Kraft und von besonderem Glauben? *(Austausch über mögliche Erfahrungen der Teilnehmerinnen.)*

Mir selbst ist das einmal so gegangen, als ich in Israel auf der Sinaihalbinsel auf dem Berg Horeb war. Dort, wo Elia Gott begegnet. (Der Berg Horeb heißt übrigens auch »Moseberg«, weil Mose dort die 10 Gebote empfangen hat.) Nachts um 3 Uhr bin ich mit einer kleinen Gruppe vom nahegelegenen Katharinenkloster losgegangen und auf den Berg gestiegen. Zum Sonnenaufgang waren wir dort oben. Es war ein unglaubliches Erlebnis zu sehen, wie die aufgehende Sonne die umgebenden Bergketten um uns herum einfärbte. Und alles in einer unglaublichen tiefen Stille. Das war ein sehr spirituelles Erlebnis, das mir noch heute sehr präsent ist.

Von einer anderen beeindruckenden Erfahrung an einem offensichtlich sehr dünnen Ort möchte ich Ihnen gern erzählen.

Kennen Sie Hape Kerkeling? Er ist ein bekannter Komiker und Fernsehmoderator. Er hat ein Buch über sein Leben geschrieben (Der Junge muss an die frische Luft.) Darin beschreibt er gleich zu Beginn eine besondere Erfahrung im Garten Gethsemane. Das ist der Garten, in dem Jesus kurz vor seiner Verhaftung betete und dann dort auch verhaftet wurde.

Für einen Fernsehserie sollte er in dem Garten einen langen Text sprechen. Aber der Garten war abgeschlossen und bewacht.

Der Wächter ließ sich darauf ein, dass Kerkeling für 5 Minuten in den Garten durfte, aber nur ganz still darin herumgehen durfte. Mehr nicht. Als Kerkeling wieder herauskam, fragte der Wächter ihn leise: »Und, haben Sie es gespürt?«

Ja, das hatte Kerkeling. Er hat eine besondere spirituelle Erfahrung in der Stille des Gartens gemacht, kaum zu beschreiben, was da mit ihm passiert ist. Er schreibt: »Die heilsame Kraft, die von diesem grünen Fleck ausgeht, ist für mich körperlich wahrnehmbar und beschert mir unerwartet einen der schönsten und damit unvergesslichsten Momente meines Lebens.« (S. 19)

Diese besondere Erfahrung im Garten von Gethsemane, hat Hape Kerkeling in seinem Glauben bestärkt und ihm Kraft gegeben. Der Garten Gethsemane muss ein besonders dünner Ort sein!

Gott begegnet uns auf vielerlei Weisen: sicher in der direkten Begegnung im Gebet, bestimmt auch im Schutz einer Kirche, aber auch in der Natur an »dünnen Orten«, die durchlässig sind für das Spirituelle und Göttliche, das hinter dem für uns Sichtbaren liegt.

31

DARF´S ETWAS MEER SEIN?

Einführung

»Manchmal muss man einfach nur ans Meer fahren, um glücklich zu sein.« (Rosalie Tavernier) Auf diesen Buchtitel beziehe ich mich und nehme die Teilnehmerinnen während der Ansprache mit in einen Tagtraum ans Meer. Dazu bekommen sie eine Muschel in die Hand und hören Meeresrauschen.

Material

Eine Muschel für alle Teilnehmerinnen
Meeresrauschen (herunterzuladen bei YouTube oder Musikstreaming)

Psalm

Ps 36,6-10 (gemeinsam)

Lieder

- Lobe den Herrn, meine Seele (in: »Himmel, Erde, Luft und Meer«, Nr. 93, CD: Kommt, atmet auf)
- Meeresrauschen
- Wie ein Wind, der leise weht (in: »Kommt, atmet auf«, Nr. 171; gleichnamige CD)
- Weit wie das Meer ist Gottes große Liebe (EG 622)

Ansprache

»Manchmal muss man einfach nur ans Meer fahren, um glücklich zu sein.« So lautet der Titel eines Buches, das ich mal geschenkt bekam. Und für mich stimmt das tatsächlich: Am Meer bin ich glücklich!

Geht Ihnen das auch so? Was verbinden Sie mit dem Meer? *(Austausch)*

Mit dem Meer verbinde ich Erinnerungen an zahlreiche Urlaube, lange wunderbare Strandwanderungen, Sommer, Sonne und glückliche Momente. Einfach am Meer entlanggehen, einfach auf das Meer schauen. Einen Tag oder auch nur ein paar Stunden am Meer oder am Wasser sein, das entspannt, das kann Glücksgefühle hervorrufen, das tut meiner Seele gut.

Ich finde das Meer auch irgendwie geheimnisvoll: In seiner stetigen und nie aufhörenden Wellen-Bewegung – vor, zurück, wieder vor – kommt es mir so vor, als sei das Meer ein Garant und Bild für die Ewigkeit. Egal was passiert, das Meer ist da und wird weiter da sein. Das Meer, das Wasser verbindet uns mit den Anfängen der Schöpfung. Da kommen wir her und gehen wieder hin zurück.

Wenn ich länger auf das Meer schaue, dann fühle ich mich in ganz intensiven Momenten wie ein Tropfen, der aufgehoben ist im Meer der Zeit und Ewigkeit. Das Meer hat etwas Stetiges in seiner immerwährenden Bewegung. Das Meer ist jedoch nicht nur beruhigend und schön, sondern birgt natürlich auch viele Gefahren in sich, es ist nicht nur zu lieben, sondern auch zu fürchten.

Freuen können sich diejenigen, die Zeit haben und bei gutem Wetter einfach mal einen Tag ans Meer fahren können. Für Sie im Altenheim hier ist das leider nicht so einfach möglich. Das geht nur, wenn Sie mal jemand aus der Familie abholt und eine Tour ans Meer macht, wenn es denn nicht zu weit weg ist. Ein Tag am Meer ist immer etwas Besonderes.

Vielleicht denken Sie jetzt: Da kann man nur von träumen! Genau! Warum nicht? Warum nicht in einem Tagtraum eine Phantasiereise ans Meer machen? Bilder im Kopf vom Meer und dem Sandstrand gibt es aus der Erinnerung oder Phantasie genug. Sich einfach einmal »wegträumen«. Die Gedanken sind frei!

Ich gehe jetzt mit einem Körbchen herum, da sind Muscheln drin. Suchen Sie sich eine aus. Schauen Sie sie an, nehmen Sie die Form und Farben wahr und fühlen Sie mal die Rillen und die Oberfläche: Ist sie rau oder glatt?

(Muschel verteilen und Meeresrauschen abspielen ...)

Schließen Sie, bitte, die Augen und stellen Sie sich vor, wie das Meer mit den Wellen an den Strand rollt, immer wieder, unermüdlich. *(Pause)* Weiße Schaumkronen sind weiter draußen im Meer zu sehen. Durch die auslaufenden Wellen am Strand laufen ein paar kleine Vögel: die Strandläufer, die mit ihren langen Beinchen unglaublich schnell laufen können und durch das niedrige Wasser flitzen. *(Pause)*

Ein paar Möwen fliegen darüber und kreischen. Die Sonne lacht und ein leichter warmer Wind streift über Ihr Gesicht. *(Pause)* Sie blicken den langen Sandstrand entlang und sehen viele schöne Muscheln im Sand liegen. *(Pause)* Sie heben eine Muschel auf und nehmen sie mit. Sie atmen den frischen Wind, genießen die Sonne und freuen sich an dem schönen Tag. *(Pause)*

Jetzt kommen Sie langsam wieder hier im Raum an. Sie spüren den Stuhl, auf dem Sie sitzen. Dann öffen Sie wieder die Augen und schauen sich um.

Ein Tagtraum am Meer. Nehmen Sie ihn mit und holen Sie ihn immer wieder hervor. Die Muschel erinnert Sie daran.

Manchmal muss man sich einfach nur zum Meer hin träumen, um glücklich zu sein. Die Augen für einen Moment schließen und durchatmen.

32

DIE SEELE ZUM KLINGEN BRINGEN (TAG DER MUSIK AM 21.6.)

Einführung

Am 21.6. ist nicht nur Sommeranfang, sondern auch Tag der Musik. In der Andacht wird Psalm 150 gemeinsam gesprochen. Bei den letzten beiden Liedern/Musikstücken nach der Ansprache verteile ich Rhythmusinstrumente, mit denen wir gemeinsam zur Musik den Rhythmus spielen.

Material

Verschiedene Rhythmusinstrumente, z.B. Klangstäbe, Triangel, Tamburin, Zimbeln, Schellen, Rumba Rasseln, Egg-Shaker, Trommeln

Psalm

Ps 150 (gemeinsam)

Lieder

- Du meine Seele, singe (EG 302)
- Danke für diesen guten Morgen (EG 334)
- Singt mit, singt mit (Hufeisen/Zink: Wie wir feiern können)

Ansprache

Nach dem gemeinsamen Lesen des Psalms frage ich, welche Musikinstrumente die Teilnehmenden erkannt haben, und wir tragen zusammen. Ich frage auch, ob jemand selbst Musikinstrumente spielt oder gespielt hat.

Musik trägt und begleitet durchs Leben. Musik begleitet Emotionen, Musik hat Auswirkungen auf die Stimmung. Ich habe bestimmte Musikstücke, die lösen bei mir einfach gute Laune aus. Geht Ihnen das auch so? Welche Musik ist das bei Ihnen?

(Austausch)

Es gibt auch Musik, die traurig macht oder die uns still werden lässt. Haben Sie dafür auch Beispiele? Oder gibt es vielleicht bestimmte Instrumente, die Sie so empfinden?

(Austausch)

In der Bibel spielt Musik auch eine große Rolle. König David als Harfenspieler hat seinen Vorgänger, König Saul, mit seiner Harfe getröstet, wenn der König deprimiert war.

Oder Miriam, die Schwester des Moses, hat das Tamburin gegriffen und dazu mit den Frauen gesungen und getanzt, nachdem die Israeliten den Durchzug durch das Rote Meer geschafft hatten. Mose hatte das Meer geteilt, so dass sie beim Auszug aus Ägypten vor den Verfolgern fliehen konnten. Als hinter ihnen die Wellen wieder zusammenschlugen, waren sie gerettet und die Verfolger aus Ägypten wurden vom Wasser verschlungen.

Oder die Geschichte, dass der Klang der Posaunen die Mauern der Stadt Jericho zum Einsturz gebracht hat.

Dreimal Musik – dreimal ganz unterschiedliche Situationen – Trost, Siegesjubel oder Kampfgeist. Musik ist flexibel, Musik ist Ausdruck der Seele, Musik tut der Seele gut. Mit Musik bringen wir unsere Seele zum Klingen!

Musik ist wirkmächtig. Sie ist eine Gabe Gottes. Für manche gehört eine bestimmte Musik zu Festen im Kirchenjahr dazu. Zu Weihnachten – was fällt Ihnen da ein? *(Austausch)*

Es gibt den Spruch: »Wer singt, betet doppelt.« Und überhaupt: Singen oder auch im Chor singen macht glücklich – so heißt es. Wenn ich mit meiner Stimme ein Teil eines großen Chores werde oder einfach mitschwinge, dann fühle ich mich von anderen mitgetragen. Ob das mit anderen Instrumenten ist, im Chor, beim Mitsingen zur Radiomusik oder hier in der Andacht oder das berühmte unter der Dusche Singen.

Im Psalm 150 haben wir gebetet, mit welchen Instrumenten wir Gott loben sollen: *(evtl. hier den Psalm noch mal lesen oder die Instrumente benennen)* Mit aller Kraft und allem Klang wird Gott gelobt. Das klingt richtig nach Überschwang.

Musik tut der Seele gut. Musik unterstützt Freude und kann auch andere Gefühle zum Ausdruck bringen, begleiten und manchmal ausgleichen. Ich lade Sie ein zum Hören und Mitspielen beim nächsten Lied. Musik ist eine wunderbare Gabe Gottes!

(Ich gehe mit einem Korb herum, in dem viele Instrumente liegen und jede sucht sich eins aus. Wir spielen zu den nächsten Musikstücken.)

33

FARBEN DES SOMMERS: GELB

Einführung

Ich biete eine dreiteilige sommerliche Andachtsreihe an zu dem Thema »Farben des Sommers«. Es wird jeweils um eine Farbe gehen: gelb, grün, blau. Zu Beginn der ersten Andacht benenne ich in der Begrüßung die Themenreihe und frage die Anwesenden, welche Farben sie als Sommerfarben empfinden. (Es wurden tatsächlich genau diese drei Farben genannt!). Ich gestalte den Altar jeweils passend zur Farbe. Auch der Abdruck des Psalms bekommt ein farblich passendes Bild zum Thema der Andacht.

Material

Sonnenblumen für den Altar, gelbe Tücher

Psalm

Ps 121 (gemeinsam)

Lieder

- Geh aus, mein Herz, und suche Freud (EG 503)
- Die güld'ne Sonne voll Freud und Wonne (EG 449)
- Die helle Sonn' leucht' jetzt herfür (EG 437)
- Gottes Wort ist wie Licht in der Nacht (in: »Himmel, Erde, Luft und Meer«, Nr. 55)

Ansprache

Heute möchte ich gern über die Farbe »gelb« als Farbe des Sommers nachdenken. Ich möchte Sie zuerst fragen: Was fällt Ihnen zur Farbe »gelb« im Sommer ein? *(Austausch)*

Die ersten gelben Boten des Sommers sind für mich immer die Rapsfelder, die zu Beginn des Sommers knallig gelb blühen. Später dann die mattgelben Getreidefelder, die der Ernte entgegengehen.

Oder auch gelbe Blumen. Früher hatten wir im Garten viele sogenannte Nachtkerzen im Garten. Das sind besondere Blumen, deren Blüten sich immer erst abends, wenn es dämmert, öffnen. Und das in einem so schnellen Tempo, dass man dabei zusehen kann. Sie gilt als die einzige Blume, der man beim Öffnen ihres Blütenkelches zusehen kann. Und kaum sind die Blüten geöffnet, ziehen sie zahllose Insekten an.

Am nächsten Vormittag ist die Pracht schnell vorbei. Je wärmer es ist, desto schneller verblühen diese Blüten. Am Abend beginnt das Schauspiel von Neuem. Den ganzen Sommer hindurch, bis in den Frühherbst hinein.

Und dann gehört natürlich die Sonne zum Sommer. Hell leuchtet sie. Gelb-gold. Sie ist die Quelle des Lichtes und die Quelle der Wärme – und damit ist sie die Quelle allen Lebens.

An langen Winterabenden spüren wir, wie nötig wir die Sonne brauchen. Wir ahnen, wie sehr unser Leben von dieser Licht- und Wärmequelle abhängt. Ein Leben in der Polarnacht im Norden Skandinaviens, wo die Sonne im Winter gar nicht aufgeht – das wäre für mich unvorstellbar. Aber es muss besonders beeindruckend sein, im Hochsommer ganz im Norden Skandinaviens zu sein, wenn die Sonne gar nicht untergeht. Hat das mal jemand von Ihnen erlebt? *(Austausch)*

Sommer bedeutet für unser Lebensgefühl Licht und Wärme – subjektiv ist das Leben leichter, beschwingter, vielfältiger, wenn die Sonne scheint. Drinnen und draußen gehen ineinander über. Mit unseren Sinnen, mit der Haut erspüren wir die Reize des Sommers bis hin zum kühlenden Wind. Wärme auf der Haut – das ist das Gefühl von Sommer und Leichtigkeit.

Sommer, das ist Leben mit allen Sinnen. Im Sommer können wir oft viel leichter unsere Lebenskraft spüren.

Im Sommer ist die Sonne mit ihrer lebensspendenden Kraft, mit ihrem Licht und mit ihrer Wärme in allem Überfluss da: in unseren Breiten bis in den späten Abend. Mal durch Wolken verdeckt und dann scheint sie wieder intensiv mit all ihrer Kraft auf uns herab.

Und ganz besonders sind auch bei uns die längsten Tage um den 21. Juni herum, wenn der Sommer anfängt und der Himmel fast gar nicht dunkel werden will. (Ich erinnere mich noch daran, als wir zum ersten Mal unsere chinesischen Freunde aus Hongkong zu Besuch hatten. In Hongkong geht die Sonne immer um 19 Uhr unter, das ganze Jahr durch. Was haben sie gestaunt über die langen hellen Abende hier bei uns im Sommer. Das hatten sie noch nie erlebt.)

Es gibt ein wunderbares Kinderbuch, von dem ich Ihnen erzählen möchte. Es heißt »Frederik«. Frederik ist ein Mäuserich, der im

Sommer anscheinend faul ist, weil er sich nicht an der Vorratssuche der anderen Mäuse beteiligt. Alle Mäuse laufen fleißig umher, um Nüsse und anderes für den Winter zu sammeln. Frederik liegt anscheinend faul rum und schaut nur so in die Gegend.

Und als die anderen Mäuse Frederik fragen: »Was machst du?«, sagt er: »Ich sammle Farben für den Winter.« Das klingt erst mal komisch. Aber später im kalten Winter, als die Vorräte zur Neige gehen und die Mäuse frieren und sich nichts mehr zu erzählen haben, da erinnern sie sich an Frederik und fragen: »Wie ist das mit deinen Vorräten?« Und Frederik fängt an zu erzählen von den Farben des Sommers, von dem leuchtenden Gelb der Blumen und der Sonne. Und allen anderen Mäuschen wird warm ums Herz, und viele schöne Bilder des Sommers sind ihnen vor dem inneren Auge.

Lassen Sie uns auch die wunderbaren Farben des Sommers, das helle strahlende Gelb und das wärmende Sonnenlicht sammeln und in unseren Herzen und Köpfen als Schätze bewahren. Dann können wir uns im Winter, wenn es kalt und grau ist, daran erinnern und uns innerlich am leuchtenden wärmenden Gelb der Sonne wärmen. Wenn Sie nächstes Mal draußen sind bei Sonnenschein, dann nehmen Sie doch mal ganz bewusst und intensiv die Farben und die Wärme um sich herum auf!

Gott und Gottes Wort selbst werden manchmal mit der Sonne oder dem Licht verglichen. Es gibt ein wunderbares Lied, dessen Text lautet: »Gottes Wort ist wie Licht in der Nacht. Es hat Hoffnung und Zukunft gebracht; es gibt Trost, es gibt Halt in Bedrängnis, Not und Ängsten, ist wie ein Stern in der Dunkelheit.«

Das wünsche ich uns immer dann, wenn es dunkel in uns ist, dass wir uns von Gottes Wort und Zusage wärmen lassen können: Ich bin bei dir, ich halte dich, ich begleite dich.

34

FARBEN DES SOMMERS: GRÜN

Einführung

Bei der Begrüßung erinnere ich an die Andachtsreihe »Farben des Sommers«. Ich frage, ob die Teilnehmenden noch wissen, um welche Farbe es letztes Mal ging. Dann führe ich die Farbe der heutigen Andacht ein und frage, was die Einzelnen mit Grün im Sommer verbinden.

Material

Eine Kopie des Psalms mit einem Bild von Schafen auf grüner Weide.
Grüne Gräser und verschiedene grüne Tücher als Schmuck für den Altar: Mit einem hellgrünen transparenten Chiffontuch habe ich das Kreuz behängt (es gibt einen Bezug in der Ansprache), ein dunkelgrünes über den Altar gelegt.

Psalm

Ps 23 (gemeinsam)

Lieder

- Du meine Seele, singe (EG 302)
- Meine Hoffnung und meine Freude (in: »Himmel, Erde, Luft und Meer«, Nr. 181, siehe Anhang)
- Nun danket alle Gott (EG 321)

Ansprache

Wenn wir derzeit draußen unterwegs sind, dann sehen wir viel Grün. Ein sattes Grün, nicht mehr das knallige Grün des Frühlings, sondern das satte Grün des Sommers. Alles sprießt und grünt. Grün – das ist eine Farbe des Sommers, die Farbe des Wachsens!

Grün ist auch die Farbe des Anfangs. Bevor es Augen gab, die Farben sehen konnten, musste unser Planet Erde erst einmal »ergrünen«. Bevor das Grün kam, war die Erde wüst und leer. Mit dem Grün der Blätter und Gräser kam das Leben auf Touren!

Am Anfang ist das Grün. Und mit jedem Frühling steht es wieder für den Neubeginn. Der immer gleiche und dennoch stetig sich verändernde Kreislauf des Werdens und Vergehens. Mit einmal lohnt es sich für Baum und Strauch wieder, Blatt auf Blatt in laue Lüfte sprießen zu lassen.

In unserem kollektiven Gedächtnis ist Grün als Farbe des Lebens gespeichert. Wo Menschen dem Wunsch nach Wachstum und Frische Farbe geben wollen oder ihrer Hoffnung auf Freiheit und Grenzenlosigkeit, da entscheiden sie sich für die Farbe Grün.

Grün ist nicht gleich Grün. Das reine Grün liegt ausgewogen zwischen gelb und blau. Mehr als hundert unterschiedliche Grüntöne können wir unterscheiden.

Der Stich ins Gelbe lässt Grün frisch und jung erscheinen wie die Birkenblätter im Mai, wie frische Erbsen und Bohnen. Noch mehr Gelb allerdings gibt dem Grün eine aggressive, negative Wirkung. Die Menschen assoziieren dann Schleim und Galle. Grün bedeutet eben nicht nur wachsen und leben, sondern steht auch für unreif oder giftig, als giftgrün eben.

Vielleicht liegt darin auch der Grund dafür, dass nur 12 % der Mitteleuropäer Grün als ihre Lieblingsfarbe wählen. Welches ist Ihre Lieblingsfarbe? Meine ist rot. (Die meisten Mitteleuropäer haben blau oder rot als Lieblingsfarbe.)

Wenn der Blauanteil im Grünton überwiegt, dann beruhigt Grün das menschliche Gemüt wie das satte Immergrün des Efeus und der Tannen oder das silbrig schimmernde, gedeckte Grün der Olivenbäume. Doch auch ein zu dunkles Grün verliert seine positive Ausstrahlung auf die Betrachter. Es erweckt den Eindruck von Düsternis, von Moder, Fäulnis und Vergänglichkeit.

Reines, volles Grün sättigt. Darauf vertrauen die Menschen seit uralten Zeiten. »Der Herr ist mein Hirte; mir wird nichts mangeln. Er weidet mich auf einer grünen Aue und führet mich zum frischen Wasser« – so haben wir es eben gesprochen. Tief in uns steckt diese Erfahrung seit Tausenden von Jahren. Wo es grünt, muss keiner ums nackte Überleben kämpfen. Grün und Vertrauen – das ist verbunden.

Oder denken Sie an eine Wüste. Ab und zu gibt es dort Oasen, sie sind wie grüne Inseln mitten in der Sandwüste oder in einer Steinwüste. Das Grün der Oasen signalisiert: essen, trinken, Wasser, ausruhen und erholen. Wir haben es in unsere Welt übertragen, wir wohnen im Grünen oder fahren wenigstens übers Wochenende dorthin. Und wenn wir nicht hinkommen können, dann holen wir uns das Grün in die Zimmer. Und wie schön, dass Sie hier so mitten im Grünen wohnen.

Grün ist Natur. Im Grünen liegen die Wurzeln unserer Kraft. Haben Sie schon einmal von Hildegard von Bingen gehört? Sie ist eine berühmte Heilige und umfassend gebildete Lehrerin und Mystikerin 12. Jahrhunderts. Sie sprach von der Grünkraft der Kräuter und Blumen des Paradieses und der Erde. Für Hildegard von Bingen war der Zusammenhang zwischen Heil und Heilung für Körper und Seele sehr wichtig. So machte sie sich die Grünkraft der Pflanzen und Kräuter als grüne Kraft zur Heilung zunutze. Grün – das ist die Farbe der Hoffnung und des Heils.

Die Grünkraft ist ein Schlüsselbegriff für ihre Heilkunde. Der Begriff steht für die grünende Ordnungs- und Lebenskraft der göttlichen Liebe. Wo diese Kraft wirkt, ist Gesundheit, da sind Mensch und Umwelt im Einklang, da sind beide heil. Die Farbe Grün liebt Hildegard besonders. Es ist für sie die Farbe der Auferstehung und des Frühlings. Die Grünkraft meint eine Lebendigkeit im umfassenden Sinn, die in den Steinen, den Pflanzen, in den Tieren, in den Menschen wie auch im Religiösen wahrzunehmen ist. Grün ist die Farbe der Hoffnung und die Farbe der Lebensweisheit. In der christlichen Kunst ist es die Farbe der Erde und derer, die Gott suchen. Das Kreuz Jesu Christi ist als Zeichen des Heiles, der Versöhnung und der Hoffnung auch in der Farbe Grün gemalt worden. Das Kreuz als Lebensbaum ersetzt den Baum der Erkenntnis des verlorenen Paradieses.

Wo Gottvertrauen gewachsen ist, da kann ich mich fallen lassen in das Vertrauen, dass ich in Gott geborgen bin, dass Gott für mich sorgt – egal, was passiert. Das Wort Gottes kann für mich zur Quelle der Kraft und meines Seelenheils werden. Wenn ich auf Gott vertraue, dann kann in den Zeiten der Dürre, in trostlosen und grauen Zeiten wieder ein zartes Pflänzchen Hoffnung für mich und mein Leben wachsen. Dann kann ich mit dem Psalmbeter einstimmen und sagen: »Gott, du weidest mich auf einer grünen Aue und führest mich zum frischen Wasser. Du erquickest meine Seele.« Die Hoffnung ist grün. Daran erinnert uns diese Farbe des Sommers.

35

FARBEN DES SOMMERS: BLAU

Einführung

In der dritten Andacht in der Reihe »Farben des Sommers« geht es um die Farbe Blau. Blau wie der Himmel oder das Meer. Die Farbe Blau steht auch für Transzendenz. Ihr spüre ich nach.

Material

Eine Kopie für jede mit dem Psalm 139 und einem Bild vom blauen Himmel und weißen Wolken, ein großes blaues Samttuch für den Altar

Psalm

Ps 139 (gemeinsam)

Lieder

- Gott des Himmels und der Erde (EG 445)
- Weit wie das Meer ist Gottes große Liebe (EG 622)
- Kanon: Der Himmel geht über allen auf (in: »Himmel, Erde, Luft und Meer«, Nr. 36; CD: den himmel erden [variabel])

Ansprache

Die Farben des Sommers – Blau. Das ist für mich die strahlende Unendlichkeit eines Himmels, der sich über der Erde wölbt, – und das ist für mich die Weite über Luft und Meer, das ist unbegrenzte Ferne und Tiefe.

Urlaub heißt für mich ans Meer fahren! Ohne das Meer ist es kein Urlaub. Ich liebe es, endlos am Strand entlangzuwandern, mit den Füßen im Wasser und meine Fußspuren im Sand zu hinterlassen. Am liebsten fahre ich an Strände, die endlos lang sind.

Was verbinden Sie mit dem Meer? *(Ins Gespräch gehen über Erlebnisse am Meer, über Orte am Meer, wo die Bewohnerinnen gern waren/sind und positive Erinnerungen haben.)*

Als Norddeutsche wissen wir, dass es zu allen Jahreszeiten am Meer schön sein kann und dass es der Seele gut tut, über den Strand oder am Deich entlangzulaufen.

Am Schönsten ist es aber im Sommer, wenn der Himmel offen ist und nur hier und da ein Wölkchen das unendliche Blau des Himmels unterbricht.

Darunter in scheinbar unendlicher Weite das Meer: der freie Blick bis zum Horizont, bis zu dem Punkt, an dem sich Himmel und Erde scheinbar berühren.

Für mich, und ich glaube für viele Menschen, ist das Meer ein Ort, an dem die Seele zur Ruhe kommen kann. Ein Ort, an dem die Gedanken frei laufen können und an dem es eine große äußere und innere Freiheit geben kann.

Himmel und Meer: Beides leuchtet uns in sattem Blau entgegen. Für mich ein sattes Bild von Sommer.

Himmel und Meer gehören beide zu den ganz ursprünglichen Elementen der Erde. Am 2. Tag der Schöpfung trennte Gott die Wasser, die überall waren. Er/sie schuf den Himmel. Danach gab es Wasser über und unter dem Himmel – so lesen wir ganz am Anfang der Bibel.

Himmel – das ist für uns der geglaubte Ort, an dem Gott wohnt. Der Himmel über uns, der blau leuchtet, und der Himmel als Ort Gottes sind in der deutschen Sprache dasselbe Wort – obwohl uns lange klar ist, dass Gott nicht auf den Wolken über uns sitzt. Im Englischen gibt es zwei Worte für die unterschiedliche Bedeutung vom Himmel. Weiß jemand von Ihnen, was »Himmel« auf Englisch heißt? »Sky« für den Himmel über uns und »heaven« für den Himmel als Raum Gottes.

Die Farbe Blau wird auch mit Transzendenz verbunden, das heißt mit dem, was über das hinausgeht, was wir hier sehen und erleben können. Wir wissen und glauben, dass es mehr gibt, als das, was wir sehen, hören, fühlen können. Es gibt mehr als das, was uns hier auf Erden zugänglich ist. Mehr Tiefe. Unseren Erfahrungen hier auf Erden sind Grenzen gesetzt.

Auch der Himmel ist in seinen Ausmaßen selbst für die moderne Astronomie immer noch nicht auszuloten. Es sind die unbekannten Weiten des Weltraums, die sich über uns erstrecken. Grenzenlos. Der blaue Himmel – er gehört hierher über uns: da wo die Sonne den blauen Planeten bescheint, da wo wir leben.

Der geglaubte Himmel ist immer in und über uns. Er ist der Ort der Sehnsucht, da, wo alles das zusammenkommt, was in unserem Leben getrennt ist.

Von Grenzenlosigkeit spricht auch der Psalm, den wir vorhin gesprochen haben: Gott ist überall und sieht mich und umgibt mich, hält mich von allen Seiten. Das ist schwer zu verstehen. »Führe ich gen Himmel, so bist du da; bettete ich mich bei den Toten, siehe, so bist du auch da. Nähme ich Flügel der Morgenröte und bliebe am äußersten Meer, so würde auch dort deine Hand mich führen und deine Rechte mich halten.«

Das andere Sommerblau scheint uns vom Meer herüber. Unbenommen ist, dass das Meer grau und finster sein kann. Das Meer ist auch ein unberechenbarer Ort. Es ist für uns nie so ganz abzuschätzen, was an Urgewalten aus den Tiefen des Meeres nach oben und an die Küste kommt. Wir erleben es immer wieder in schrecklichen Naturkatastrophen.

Diese tiefe Unergründlichkeit des Meeres spiegelt auch unser Inneres wider: Unter der Oberfläche, die wir sehen und die wir einigermaßen kennen, gibt es die unergründlichen Tiefen unseres Unterbewusstseins. Unsere nächtlichen Träume und Alpträume erzählen aus diesen Tiefen. Tiefen, zu denen wir keinen direkten Zugang haben.

In all dem werden wir gehalten und getragen. Getragen von Gott, in den wir durch unsere Taufe eingesenkt werden. Es ist ein Mysterium, in dem wir leben. Wirklich zu Ende verstehen können wir dies nicht. Im Wasser der Taufe tauchen wir – bildlich gesprochen – in diese Welt und in die Welt des Glaubens ein. Der Himmel öffnet sich, und es entsteht eine kaum vorstellbare Verbindung zwischen Himmel und Erde.

Blau: Himmel und Meer im Sommer. Tiefes und Unendliches leuchten uns entgegen. Und gleichzeitig sind Himmel und Meer Orte, an denen wir Gott finden können. Gottes Unendlichkeit leuchtet uns entgegen, und wir sind mittendrin. In dieser Unendlichkeit sind wir mit Gott verbunden – so klein wir uns auch fühlen können in Anbetracht der großen Weite vor uns, sind wir verbunden und getragen.

36

SPUREN IM SAND

Einführung

Ich möchte mit der bekannten Weisheitsgeschichte, dem Traum von den Spuren im Sand, bei den Bewohnerinnen anknüpfen und sie nach eigenen Träumen, auch nach möglichen religiösen Träumen fragen. Träume sind ein Fenster zur Transzendenz, zu dem, was uns am Tage, im Wachen, verborgen ist.

Material

Eine Postkarte mit der Geschichte für jede Teilnehmerin
Empfehlung: Materialien zu der Geschichte (Postkarten und eine CD gibt es im *www.christshop.de*)

Psalm

Ps 23 (gemeinsam)

Lieder

- Er weckt mich alle Morgen (EG 452)
- Spuren im Sand (auf gleichnamiger CD)
- Morgenglanz der Ewigkeit (EG 450)

Ansprache

Heute möchte ich Ihnen eine ungewöhnliche Frage stellen: Können Sie sich morgens an Ihre Träume erinnern?

(Austausch)

Haben Sie auch schon mal einen Traum gehabt mit religiösem Inhalt?

Falls ja, kann sich jemand genauer erinnern? Was haben Sie aus dem Traum für sich selbst mitgenommen? Hat er etwas verändert für Sie? *(Austausch)*

In der Bibel wird ja von vielen Träumen berichtet. Fällt Ihnen spontan einer ein? *(Austausch)*

Einer der bekanntesten Träume ist vermutlich der Traum von Jakob, der auf der Flucht ist und von der Himmelsleiter träumt, auf der Engel hoch- und heruntersteigen. (1. Mose 28,10ff)

Oder auch die Träume vom Pharao von den fetten und mageren Kühen, die von Josef in Ägypten gedeutet werden. (1. Mose 41)

Oder im Neuen Testament: Als Josef erfährt, dass Maria schwanger ist, überlegt er heimlich zu fliehen: Da träumt er von einem Engel, der ihm Mut macht, bei Maria zu bleiben. (Mt 1,19ff.)

Oder der Traum von der Frau des Pilatus, die kurz vor der Verurteilung von Jesus träumt, dass Jesus ein Gerechter ist, und ihren Mann warnt, dass er keinen Fehler machen soll. (Mt 27,19)

Träume in der Bibel werden als eine Botschaft von Gott verstanden. Meist ist der Inhalt die Zusage, dass Gott hilft und beschützt in Situationen der Angst.

In Träumen öffnen wir des Nachts ein Fenster in eine Welt, die uns tagsüber verborgen ist. Ein Fenster in den Himmel, ein Fenster zu Gott. Ein Blick jenseits dessen, was uns normalerweise zugänglich ist. Wer mal anfängt, Träume aufzuschreiben, erinnert sich immer besser und vor allem an immer mehr Träume! Es gibt auch heute Träume mit dezidiert religiösen Inhalten. Einen möchte ich Ihnen jetzt gern vorlesen. Sie kennen diese Geschichte vielleicht. Sie ist unter dem Titel »Spuren im Sand« bekannt.

Dazu verteile ich Ihnen auch eine Postkarte mit der Geschichte und einem passenden Bild dazu. Die dürfen Sie gern behalten.

Eines Nachts hatte ich einen Traum:

Ich ging am Meer entlang mit meinem Herrn. Vor dem dunklen Nachthimmel erstrahlten, Streiflichtern gleich, Bilder aus meinem Leben. Und jedes Mal sah ich zwei Fußspuren im Sand, meine eigene und die meines Herrn. Als das letzte Bild an meinen Augen vorübergezogen war, blickte ich zurück.

Ich erschrak, als ich entdeckte, dass an vielen Stellen meines Lebensweges nur eine Spur zu sehen war. Und das waren gerade die schwersten Zeiten meines Lebens.

Besorgt fragte ich den Herrn: »Herr, als ich anfing, dir nachzufolgen, da hast du mir versprochen, auf allen Wegen bei mir zu sein. Aber jetzt entdecke ich, dass in den schwersten Zeiten meines Lebens nur eine Spur im Sand zu sehen ist. Warum hast du mich allein gelassen, als ich dich am meisten brauchte?«

Da antwortete er: »Mein liebes Kind, ich liebe dich und werde dich nie allein lassen, erst recht nicht in Nöten und Schwierigkeiten. Dort, wo du nur eine Spur gesehen hast, da habe ich dich getragen.«

Wer mitten in einer Krise oder schwierigen Situation steckt, fragt sich: Wie soll ich da jemals durchkommen? Wo ist Gott? Warum lässt Gott das zu? Warum gerade ich? In dem Traum verdichtet sich das Gefühl des Alleingelassen-Seins in der Frage: »Gott, warum hast du mich allein gelassen, als ich dich am meisten brauchte?«

Der dänische Philosoph Sören Kierkegaard hat einmal gesagt: Das Leben wird vorwärts gelebt und rückwärts verstanden.

Wenn ich eine Krise überstanden habe, dann kann ich im Rückblick fragen: Wie habe ich es eigentlich geschafft, die schwere Zeit durchzustehen? Woher habe ich die Kraft und die Hoffnung genommen?

Im Traum erhält die Träumende eine Antwort: Ohne dass sie es gemerkt hat, war Gott doch da und hat sie durch die schwere Zeit getragen. Die eine alleinige Fußspur ist gar nicht ihre eigene, sondern die Spur Gottes. Erst aus dem Abstand heraus ist ihr das spürbar. Gott sei Dank für die unbemerkte und doch tragende Begleitung! Nach dem Aufwachen am Morgen ist sie sich dessen ganz gewiss und kann beruhigt, gestärkt und getragen ihren weiteren Weg gehen.

In Krisensituationen erinnern wir uns an unseren Glauben. Eine Beziehung zu Gott kann stärken und Hoffnung geben.

Im Gespräch sein mit Gott, im Gebet Trost und Kraft finden, sich begleitet und getragen wissen. Das tut gut. Ich wünsche Ihnen solche tragenden Erfahrungen und vielleicht ja auch Träume.

37

UNTER DEM SCHIRM DES HÖCHSTEN

Einführung

Wir können Gott nicht direkt sehen. Wir haben aber viele verschiedene Bilder, die ausdrücken, wie wir uns Gott vorstellen und wie wir Gott erleben. Wir überlegen gemeinsam, welche Bilder und Beschreibungen wir kennen. Ich bringe als Blickfang verschiedene Schirme mit, mit denen ich den Altar-Raum dekoriere. Gott ist Schutz und Schirm. Darauf nimmt auch Ps 91 Bezug, den wir in ausgewählten Versen zusammen beten. Ich stelle das Bild des Schirms in den Mittelpunkt. In der Begrüßung kann das Thema eingeleitet werden mit Hinweis auf den Psalm, der gemeinsam gebetet wird.

Material

Als Anschauungsmaterial verschiedene Schirme, gerne auch »Sonnenschirme«. Wenn vorhanden auch asiatische Dekorationsschirme.
Die Psalmverse als Kopie für alle.

Psalm

Ps 91,1-2.4-6 (gemeinsam)

Lieder

- Die güld'ne Sonne (EG 449,1.4.8)
- Ich singe dir mit Herz und Mund (EG 324,1-3.13.14 (letzte Strophe nimmt Bezug auf »Schirm«)
- Bewahre uns, Gott, behüte uns, Gott (EG 171)

Ansprache

In Asien sind Schirme nicht nur ein Schutz vor Regen wie hier bei uns, sondern viel mehr auch Schutz vor der sehr heißen Sonne. Als ich das zum ersten Mal gesehen habe, fand ich das lustig, wenn die Menschen in der Sonne mit »Regenschirmen« herumlaufen. Wir haben hier ja auch Sonnenschirme auf den Balkonen und am Strand, aber es ist noch mal anders und ungewohnt, an einem Tag mit blauem, wolkenlosem Himmel Menschen unterwegs mit Schirmen anzutreffen. Es gibt dann natürlich auch besonders hübsche, ganz leichte, mit Spitze verzierte Schirme, die einfach nur vor der Sonne schützen und sonst nicht viel aushalten müssen. Keinen Sturm, keinen prasselnden Regen. Ich finde die Schirme in Asien besonders hübsch und habe mir auch einige kleinere als Dekoration mitgebracht.

Wir haben in der Bibel viele schöne Bilder für Gott. Gott können wir nicht direkt sehen, aber wir haben Vorstellungen von Gott, die wir versuchen in Bilder zu fassen. Wir wissen natürlich, dass ein

Bild nur ein Versuch ist zu beschreiben, wie wir Gott erleben oder was Gott für uns ist. Ein Bild drückt etwas von Gott aus, aber ist natürlich nicht mit Gott zu verwechseln.

Welche Bilder für Gott fallen Ihnen ein? *(Austausch)*

Das Bild des Vaters ist wohl das bekannteste Bild für Gott. Jesus hat es selbst gebraucht und diesem Bild im Vaterunser einen festen Platz gegeben. Es gibt auch das Bild von Gott als Mutter, das ist für viele erst mal ungewohnt. Bekannt ist das Bild der Burg: »Ein feste Burg ist unser Gott, ein gute Wehr und Waffen«, so heißt es in einem alten Lied aus dem Gesangbuch. Die Burg mit dicken Mauern verbinde ich sofort mit Schutz und mit Sicherheit. Oder es gibt das Bild von Gott als Fels: Ein Fels in der Brandung steht fest, unerschütterlich, ist kraftvoll und hält allen Stürmen stand. Ein Bild allein ist natürlich zu klein, um Gottes Größe zu beschreiben. Vielleicht haben wir deshalb auch so viele Bilder, weil sie sich ergänzen müssen. Heißt es doch in den 10 Geboten: »Du sollst dir kein Bildnis machen.« Ich denke, dass wir Bilder brauchen für den unaussprechlichen und unfassbaren Gott, aber wir dürfen Gott nicht auf das eine Bild eingrenzen. Gott ist mehr als das eine Bild. Gott ist auch Jesus am Kreuz, Gott ist König, Gott ist Mutter, Gott ist Bettler, Gott ist uns alles, Gott ist in der Tiefe und in der Höhe. Gott ist Sehnsuchtsort, ist Schöpfer, ist Vollender, ist Kraft und Energie, ist das Feuer der Leidenschaft. Ein Theologe (Paul Tillich) prägte die Beschreibung: Gott ist das, was mich unbedingt angeht.

So viele Namen und Bilder für Gott. Gibt es eins, das Ihnen besonders nah und vertraut ist? *(Austausch)*

Der Psalm 91, den wir vorhin gesprochen haben, nimmt das Bild des Schirms auf. »Wer unter dem Schirm des Höchsten sitzt und unter dem Schatten des Allmächtigen bleibt, der spricht zu dem Herrn: Meine Zuversicht und meine Burg, mein Gott, auf den ich hoffe. Er wird dich mit seinen Fittichen decken, und Zuflucht wirst du haben unter seinen Flügeln. Seine Wahrheit ist Schirm und Schild, dass du nicht erschrecken musst vor dem Grauen der Nacht, vor den Pfeilen, die des Tages fliegen, vor der Pest, die im Finstern schleicht, vor der Seuche, die am Mittag Verderben bringt.«

Ein schönes Bild: Der Schirm Gottes, der über uns aufgespannt ist. Der Schirm, den Gott über uns aufspannt, ist ein Bild für den Schutz und die Bewahrung, die wir im Glauben durch Gott und Gottes Wort erfahren können. Gott ist für uns wie ein Schirm. Er ist über uns und beschirmt und beschützt uns.

In dem Lied »Ich singe dir mit Herz und Mund« heißt es in Strophe 14: »Er (Gott) ist dein Schatz, dein Erb und Teil, dein Glanz und Freudenlicht, dein Schirm und Schild, dein Hilf und Heil, schafft Rat und lässt dich nicht.«

In den Psalmen, den alten Liedern und Gebeten, die im Alten Testament aufgeschrieben sind, gibt es viele »Wortschätze«, die uns begleiten und tragen können, die Hoffnung und Zuversicht geben, die uns Schutz und Schirm sind, egal, was uns bedrückt oder ängstigt.

Es tut gut, einen kurzen, positiven Satz im Sinn zu haben und sich diesen in Zeiten der Unsicherheit und Angst zur Beruhigung selbst zuzusprechen. Z.B. wie: »Gott ist mein Schutz und Schirm, was immer auch geschieht.«

38

AUFGEHEN WIE EIN SAUERTEIG

Einführung

Jesus vergleicht das Reich Gottes mit einem Sauerteig, den eine Frau knetet. Ich knüpfe bei der Erfahrung der Teilnehmerinnen an, wie es ist, einen Sauerteig bzw. Hefeteig zu kneten und dann zu warten, bis er aufgeht. Weiter lasse ich zwei Frauen aus der Zeit Jesu darüber diskutieren, was Jesus wohl mit diesem Gleichnis sagen wollte.

Bibeltext

Lk 13,18.21 Gleichnis vom Sauerteig

Lieder

- Da wohnt ein Sehnen tief in uns (in: »Himmel, Erde, Luft und Meer«, Nr. 142; CD: Von ganzem Herzen)
- Wenn das Brot, das wir teilen, als Rose blüht (in: »Kommt, atmet auf«, Nr. 91; CD: Meine Zeit in deinen Händen [Paulaner Band])

- Lobe den Herren, den mächtigen König (EG 317)
- Wo zwei oder drei in meinem Namen versammelt sind (in: »Himmel, Erde, Luft und Meer«, Nr. 35)

Ansprache

Haben Sie mal selbst Brot gebacken? Wer erinnert sich und kann erzählen, wie das war?

Was brauchten Sie dafür? Was mussten Sie machen, um den Teig herzustellen? War es anstrengend?

(Ins Gespräch gehen über die Erfahrungen des Backens mit Sauerteig oder auch mit Hefe. Sich erinnern an das Kneten des Teigs, das lange dauert und für die Hände ziemlich anstrengend ist. Danach ruht der Teig und es muss abgewartet werden, dass der Teig aufgeht, sich vermehrt und am Ende die ganze Schüssel ausfüllt.) (Austausch)

Ich habe eben ein Gleichnis vorgelesen. Jesus vergleicht das Reich Gottes mit einem Sauerteig, den eine Frau nimmt und unter einen halben Zentner Mehl einknetet, bis das ganze Mehl durchsäuert ist.

Ich möchte gern in dieses Bild einsteigen und zwei Frauen zu Wort kommen lassen, die genau das tun, die einen Sauerteig herstellen. Die beiden Frauen, Rebekka und Mirjam, sitzen und kneten jede ihren Teig.

Rebekka erzählt: »Wo wir hier so zusammensitzen und unsere Brote vorbereiten, fällt mir doch ein, was Jesus gestern gesagt hat. Das muss ich dir unbedingt erzählen, du warst ja nicht dabei. Jesus hat gesagt, dass das Reich Gottes wie ein Sauerteig sei, den wir Frauen unter das Mehl kneten, bis das Mehl ganz durchsäuert ist.«

Mirjam staunt: »Wie ist er denn darauf gekommen?«

Rebekka lacht: »Na, da waren einige Leute, die ihn angegriffen haben und ihn provozieren wollten. Sie fragten ihn, wo denn nun das Reich Gottes sei, das er so vollmundig ankündige. Und wer er überhaupt sei. Er sei doch nur ein herumziehender Prophet mit ein paar armseligen Leuten um sich herum. Das Reich Gottes würde doch mit einem Knall kommen und alles würde anders sein. Daraufhin machte Jesus genau diesen Vergleich mit dem Sauerteig.«

Mirjam sagte nachdenklich: »Hm, das ist ja auch schwer verständlich mit dem Reich Gottes. Ich sehne mich so nach dem Reich Gottes, wo Frieden ist, wo es gerecht zugeht, wo wir Frauen den Männern gleichgestellt sind. Jesus hat es versprochen, das Reich Gottes, aber manchmal frage ich mich auch, wo es bleibt. Ich meine, wenn ich in der Nähe von Jesus bin, dann fühlt es sich ein bisschen so an wie das Reich Gottes. So müsste es sein. Aber das ist ja noch zu wenig, wenn es nur spürbar ist, wenn ich in seiner Nähe bin.«

Rebekka stimmt zu: »Ja, mir geht es auch so. Wenn ich Jesus richtig verstehe, dann will er mit dem Gleichnis sagen, dass wir noch Geduld brauchen, bis es ganz da ist und gut sichtbar. Bis so viel Mehl vom Sauerteig richtig durchsäuert ist, dauert das ja ziemlich lange.«

Mirjam lacht: »Ja, stell dir mal vor: 25 kg Mehl. Puh, mir reicht es schon, wenn ich 1 kg Mehl knete. Wer soll das denn schaffen: 25 Kilo! Das schaffen wir noch nicht mal zu zweit.«

Rebekka fährt fort: »O ja, das ist richtig viel Arbeit und richtig anstrengend. Da brauchen wir noch viel mehr Menschen, die helfen. Wenn ich mir das genauer überlege, dann sagt Jesus, dass wir mitarbeiten sollen am Reich Gottes. Wie sollen wir das wohl machen?«

Mirjam macht ein paar Vorschläge: »Na, zum Beispiel, indem wir in unserem Umfeld für Frieden sorgen. Dann breitet sich hoffentlich Frieden immer weiter aus. Oder Hungrigen von unserem Brot abgeben.«

Rebekka stimmt begeistert ein: »Ja, oder indem ich mir Zeit nehme für ein Gespräch, wenn jemandem etwas auf der Seele liegt, so wie Gott immer Zeit für uns hat und uns anhört.«

Mirjam hat noch mehr Ideen: »Oder dass wir Schuld eingestehen und uns entschuldigen, wenn es nötig ist. Oder nach einem Streit versöhnende Worte finden.«

Rebekka fährt fort: »Ja, und ich möchte meine Erfahrungen auch ernst nehmen. Mein Gefühl sagt mir oft, was richtig ist, aber ich traue mir manchmal selbst nicht. Und überhaupt: Wenn ich mir das mit dem Sauerteig noch mal genau überlege – der muss ja über Nacht aufgehen. Das macht er ganz von allein. Da können wir nichts machen. Das finde ich immer so beeindruckend: Es geschieht ganz von allein, im Stillen, ohne mein Zutun. Ich bin immer neugierig und ein bisschen aufgeregt, wenn ich dann in die Schüssel gucke, ob der Teig aufgegangen ist. Und welche Freude, wenn der Teig riesig aufgegangen ist und dann noch so schön duftet! Also müssen wir auch ganz viel auf Gott vertrauen, dass sein Reich immer größer wird – jeden Tag und jede Nacht ein bisschen mehr.«

Mirjam stimmt ihr zu und sagt: »Was für ein tolles Gleichnis. Jesus hat uns Frauen und unsere Arbeit im Blick. Wer ist denn wohl die Frau in dem Gleichnis?«

Rebekka sagt überrascht: »Er hat keinen Namen gesagt.« Dann lacht sie: »Ach so, du meinst, wen er mit der Frau meint, wenn der Sauerteig das Reich Gottes ist und der Teig die Welt.« Sie überlegt zögernd: »Vielleicht meinte er mit der Frau Gott?«

Mirjam sagt erstaunt: »Meinst du? Das wäre ja mal was ganz Neues und mal wieder eine neue Provokation von Jesus: Gott mit einer Frau gleichzusetzen. Das ist ja erst mal ziemlich ungewohnt.

Aber eigentlich: Wo steht, dass Gott ein Mann ist?« Beide lachen schallend.

Inzwischen haben die beiden Frauen ihre Arbeit fertig: Der Sauerteig ist unter das ganze Mehl verteilt und intensiv geknetet. Jetzt heißt es warten, bis er aufgeht.

Ihre Arbeit wird von der Ruhe und dem hoffnungsvollen Warten abgelöst.

Das hoffnungsvolle Warten verbindet uns heute mit den beiden Frauen: Aktiv sein und mitarbeiten am Reich Gottes und darauf vertrauen und warten, dass die Saat aufgeht und dass das Reich Gottes immer größer wird.

39

DAS GLEICHNIS VOM SENFKORN

Einführung

In dieser Andacht gibt es eine haptische Erfahrung für die Teilnehmenden. Zu Beginn der Ansprache gehe ich mit einer Schachtel mit Senfkörnern herum und lasse alle schauen und fühlen. Alle sollen raten, was das wohl ist. Ich bitte aber, es noch nicht laut zu sagen, wenn jemand es weiß, weil erst alle die Chance haben sollen, selbst zu schauen. In der Regel wissen es nicht alle. Die Lesung vom Gleichnis vom Senfkorn kommt dann erst direkt danach.

Material

Eine Schachtel mit Senfkörnern

Bibeltext

Mk 4,30-34 Gleichnis vom Senfkorn

Lieder

- Kleines Senfkorn Hoffnung (in: »Das Liederbuch. lieder zwischen himmel und erde«, Nr. 344)
- Geh aus mein Herz, bes. Strophen 2 und 14 (EG 503)
- Da wohnt ein Sehnen tief in uns (in: »Himmel, Erde, Luft und Meer«, Nr. 142; CD: Von Herzen gern)

Ansprache

Ich habe Ihnen heute etwas mitgebracht und komme mal zu Ihnen herum. Schauen Sie mal und fühlen Sie mal. Was könnte das wohl sein? Aber sagen Sie es bitte noch nicht laut, damit alle erst mal die Möglichkeit haben zu gucken, bevor sie es selber wissen können. *(Ich gehe herum; wenn alle gefühlt und geschaut haben, frage ich)* Was ist das also, was Sie da gerade gesehen und angefasst haben?

Es sind Senfkörner. Es gibt im Neuen Testament ein Gleichnis, das handelt von einem Senfkorn, das möchte ich Ihnen jetzt gern vorlesen. (Lesung: Mk 4,30-34)

Jesus sprach häufig in Gleichnissen, also in Bildern, damit seine Zuhörer sie gut nachvollziehen konnten. Und doch waren die Gleichnisse nicht unbedingt so ohne Weiteres für alle zu verstehen, denn in dem Text heißt es, dass er seinen Jüngern doch noch alles auslegte, als sie allein waren.

In diesem Gleichnis geht es um das kleinste aller Samenkörner, das Senfkorn. (Hinweis auf die kleinen Körner, die wir gerade gesehen haben)

Wenn es ausgesät wird, dann wird es größer als alle anderen Kräutersträucher. Das kleinste Samenkorn wird der größte Strauch. Das ist schon beeindruckend! Ein riesiges Wachstum! Die anderen beiden Evangelisten Markus und Lukas sprechen sogar davon, dass das Senfkorn ein Baum werde und die Vögel des Himmels in seinen Zweigen wohnen.

Ein gigantisches Wachstum werde das Reich Gottes erleben, so sagt es Jesus. Erst ist es ganz klein, dann wird es immer größer und überragt alles andere. Je länger das Gleichnis weitererzählt wird, desto größer wird das Ergebnis des Wachstums: Aus einem Strauch wird ein Baum.

Ein schönes Bild für Gottes Herrschaft, für Gottes Reich: ein Baum. Ein Baum, der wächst und immer größer wird. Der den Vögeln unter dem Himmel Schutz gibt und Lebensraum.

Die Vögel – damit sind alle Völker der Erde gemeint: Alle Menschen finden Schutz im Reich Gottes und können gut leben. Vögel, die beschützt im Baum wohnen und gemeinsam zwitschern – das ist für mich ein schönes Bild, ein Hoffnungsbild.

Ein Mensch sät dieses Senfkorn: Wir Menschen arbeiten am Reich Gottes mit. Wir sorgen dafür, dass es aufgeht. Es muss Wasser bekommen. Die Pflanze muss gepflegt werden, damit sie wachsen kann, ein starker Baum wird und Schutz geben kann.

In der Bibel werden wir Menschen manchmal mit einem Baum verglichen:

In Psalm 1 heißt es sinngemäß: »Wer an Gott glaubt, der ist wie ein Baum, gepflanzt an Wasserbächen, der seine Frucht bringt zu seiner Zeit, und seine Blätter verwelken nicht. Und was er macht, das gerät wohl.«

Und beim Propheten Jeremia (17,7-8) gibt es eine ähnliche Stelle, in der es heißt: »Gesegnet ist der, der sich auf Gott verlässt und dessen Zuversicht Gott ist. Der ist wie ein Baum, am Wasser gepflanzt, der seine Wurzeln zum Bach hinstreckt. Denn obgleich die Hitze kommt, fürchtet er sich doch nicht, sondern seine Blätter bleiben grün; und er sorgt sich nicht, wenn ein dürres Jahr kommt, sondern bringt ohne Aufhören Früchte.«

Wer seine Hoffnung auf Gott setzt und Gott vertraut, ist gesegnet. Der oder die wird verglichen mit einem Baum, der kraftvoll ist, der blüht und Früchte treibt ohne Aufhören.

Was brauchen wir selbst, damit wir wachsen können? Welche Nahrung, welche Pflege? Was ist für Sie am wichtigsten? *(Austausch)*

Ich wünsche mir, dass das Reich Gottes spürbar immer größer wird und dass wir in seinem Schutz und in Frieden miteinander leben können. Das Reich Gottes, das Jesus verkündet hat, ist schon gewachsen, aber noch nicht so groß, wie Jesus es angekündigt hat. Bis dahin ist noch viel Wachstum nötig. Danach sehne ich mich.

40

DER VERLORENE GROSCHEN

Einführung

Die Geschichte vom verlorenen Groschen bzw. Silberstück steht etwas verloren zwischen den beiden bekannteren Geschichten vom verlorenen Schaf und dem verlorenen Sohn. Die Besonderheit dieser Geschichte ist, dass es eine Frau ist, die sucht. Der suchende Gott wird durch eine suchende Frau repräsentiert. Das möchte ich als Erweiterung des gängigen männlichen Gottesbildes aufnehmen. Außerdem sind wir zum einen selbst Suchende, zum anderen können uns selbst verlieren und werden dann gesucht.

Material

Eine Lampe oder Laterne und ein paar Silbermünzen können auf dem Altar liegen und in der Begrüßung bedacht werden als Hinweise auf die Geschichte. Evtl. kann auch ein Besen noch an den Altar gelehnt werden.

Psalm

Ps 36,6-10 (gemeinsam)

Bibeltext

Lk 15,8-10 Gleichnis vom verlorenen Groschen (während der Ansprache erzählen)

Lieder

- Wie ein Fest nach langer Trauer (in: »Himmel, Erde, Luft und Meer«, Nr. 52)
- Freuet euch im Herrn (Taizé) (EG 789.3)
- Meine Hoffnung und meine Freude (Taizé) (in: »Himmel, Erde, Luft und Meer«, Nr. 181, siehe Anhang)

Ansprache

Heute möchte ich Ihnen gern eine Geschichte erzählen. Sie steht im Lukas-Evangelium in Kapitel 15, das auch gern das »Verlorene Kapitel« genannt wird. Da stehen drei Geschichten, in denen es darum geht, dass etwas oder jemand verloren gegangen ist und gesucht wird.

Haben Sie eine Ahnung, um welche Geschichten es gehen könnten? (Verlorenes Schaf – verlorener Sohn – verlorener Groschen/Silberstück)

Die Geschichte vom verlorenen Silberstück steht auch ein bisschen verloren zwischen der Geschichte vom verlorenen Schaf und dem verlorenen Sohn.

Ich möchte Ihnen gern die Geschichte erzählen von der verlorenen Silbermünze. Manchmal heißt sie auch die Geschichte vom verlorenen Groschen oder die Geschichte vom verlorenen Denar oder verlorenen Geldstück. Kennt die jemand von Ihnen?

Jesus erzählt:

Da ist eine Frau, die hat 10 Silbermünzen. Wenn sie eine davon verloren hat, dann zündet sie eine Lampe an und durchsucht und fegt das ganze Haus, bis sie die Silbermünze wiederfindet. Und wenn sie sie gefunden hat, dann ruft sie ihre Freundinnen und Nachbarinnen zusammen und sagt: »Freut euch mit mir, ich habe die Silbermünze wiedergefunden, die ich verloren hatte.«

Eine arme Frau muss das sein, denn sie zündet eine Lampe an und sucht im Haus. Das heißt, dass es ziemlich dunkel in ihrem Haus sein muss, also ohne Fenster möglicherweise. 10 Silbermünzen, das ist vermutlich ihre Brautgabe, die sie mit in die Ehe bringt, ein Notgroschen für den Fall, dass ihr Ehemann stirbt. Wenn sie nur 10 Silbermünzen hat, dann ist das gar nicht so viel. Umso wertvoller ist dann jede einzelne Münze für sie! Ich denke, dass sie jeden Winkel ausleuchtet, alles zur Seite schiebt, unter alle Schränke schaut, mit dem Besen darunter fegt, auf den Knien durch das Haus rutscht, bis sie die wertvolle Münze endlich gefunden hat.

Diese Geschichte stammt aus dem damaligen Bereich und der Lebenswirklichkeit von Frauen. Warum erzählt Jesus diese Geschichte?

Er vergleicht uns Menschen mit der Silbermünze und Gott mit der Frau: So wie die Frau ihre verlorene Münze sucht, so sucht Gott uns.

Die eine Silbermünze ist für die Frau sehr viel wert! Sie sucht in allen Winkeln und Ecken und freut sich, dass sie sie findet. Haben Sie auch schon mal etwas verloren und gesucht und gesucht, bis Sie es wieder gefunden haben? *(Austausch)* Wir sind alle dann und wann Suchende, wenn wir etwas verloren haben!

Und manchmal sind wir möglicherweise auch selbst verloren.

Es kann sein, dass wir uns schon mal verloren fühlen, wir Menschen. Wir können nicht mehr mithalten, wir wissen nicht mehr: Wem bin ich wichtig? Was bin ich eigentlich noch wert? Ob ich da bin oder nicht, ist das nicht egal? Mit solchen Fragen quälen wir uns dann und wann in dunklen Zeiten.

Diese Geschichte zeigt mir: Egal, in welche Ecke oder in welchen Winkel du dich zurückgezogen hast, du fehlst Gott und Menschen. Du wirst vermisst, du wirst gebraucht und gesucht. Und vor allem: Du bist wie ein kleiner Schatz, du bist wertvoll.

Gott sucht dich wie die Frau, die ihre Silbermünze sucht. Was für ein schönes und ungewöhnliches Bild von Gott, das Jesus da entwirft: Gott ist wie eine Frau, die ihre Münze sucht. Und wir sind wie eine wertvolle verloren gegangene Silbermünze, die dringend gesucht wird.

Zum Abschluss möchte ich mich in die kleine Silbermünze versetzen. Das klingt dann so:

Dein kleines Silberstück bin ich, Gott,
vielfach verloren. Du suchst mich.
Dein kleines Silberstück bin ich, Gott,
grenzenlos gesucht.
Du zündest ein Licht an.
Dein kleines Silberstück bin ich, Gott,
erwartungsvoll ersehnt. Du findest mich.
Dein kleines Silberstück bin ich, Gott,
du findest mich, und du trägst mich.
Du trägst mich in deinen Händen.
Bei dir bin ich zu Hause.
Dir gehöre ich. Finde mich. Immer neu!

(leicht verändert [Silberstück statt Drachme] nach
Marie-Luise Langwald in: Frauen predigen, Düsseldorf 1998, S. 188f.

41

MARIA UND MARTA

Einführung

Die Geschichte von den beiden ungleichen Schwestern ist ziemlich bekannt. Die Teilnehmerinnen werden eingeladen, sich mit einer der beiden Frauen zu identifizieren. Ich möchte zum Ausdruck bringen, dass beide »Seinsqualitäten«, für die die beiden Frauen stehen, gleich wertvoll sind und einander brauchen. In der Ansprache soll Marta zu Wort kommen. Sie entdeckt den Wert des Pausemachens.

Bibeltext

Lk 10,38-42 Maria und Marta

Lieder

- Da wohnt ein Sehnen tief in uns (in: »Himmel, Erde, Luft und Meer«, Nr. 142; CD: Von Herzen gern)
- Schweige und höre (EG 614; CD: Von Herzen gern)
- Morgenglanz der Ewigkeit (EG 450)

Ansprache

So war das damals mit dem Besuch Jesu bei Maria und Martha. Zwei ungleiche Schwestern. Die eine ist ruhiger, die andere aktiver und rennt und tut und macht die ganze Zeit; die eine ist still, die andere lebhaft. Mit welcher von beiden identifizieren Sie sich mehr? Mit der ruhigen Maria, die sich auch mal hinsetzt und nichts tut, zuhört, meditiert? Oder mit der emsigen Marta, die eher unruhig ist und immer in Aktion?

(Austausch: Wer identifiziert sich mit welcher von den beiden? Hat sich das im Laufe der Zeit verändert, d.h. ist es heute auch noch so? Gibt es eine Tendenz in der Gruppe?)

Wie ist das wohl weitergegangen, nachdem Jesus die beiden besucht hat? Ich stelle mir vor: Eine Woche später trifft Marta ihre Freundin Rebekka auf dem Markt. Und Rebekka fragt Marta: »Sag mal, Marta, wie ist das denn gewesen, als Jesus bei euch zu Besuch war? Ich weiß ja, dass du dich so sehr darauf gefreut hast.«

Und Marta antwortet: »Tja, er kam, wir saßen im Garten, und ich war so aufgeregt. Er allein nur bei uns zu Hause. Keine anderen Jünger da, keine anderen Menschen, die etwas von ihm wollten. Er war nur für uns da. Und ich war so aufgeregt, du kannst es dir nicht vorstellen! Ich wollte natürlich eine gute Gastgeberin sein. Ich wollte, dass er sich wohl bei uns fühlt. Also bin ich hin- und hergelaufen, um ihn zu bewirten. Essen rausholen, Getränke rausholen. Meine Schwester Maria hat sich zu Jesus gesetzt. Er hat erzählt, sie hat zugehört. Und ich: laufe hin und her, um Essen und Trinken rauszuholen. Ich war echt verärgert. Ich fand, dass Maria mir mal hätte helfen können, dann wäre alles viel schneller gegangen. Aber sie saß einfach da und hat ihm zugehört. Ich bin immer ärgerlicher geworden und habe schließlich zu Jesus gesagt: ›Macht es dir nichts aus, dass meine Schwester mich das alles allein machen lässt?‹

Ich hatte gehofft, dass er zu Maria sagen würde, sie solle doch mithelfen. Aber nein, er sagte zuerst: ›Marta, du machst dir so viele Sorgen und kümmerst dich um alles.‹ Das hat mir erst mal gut getan, dass er mich sieht und sieht, was ich alles mache. Aber dann hat er noch gesagt: ›Nur eins ist notwendig. Maria hat das Bessere gewählt. Das wird ihr niemand wegnehmen.‹ Du kannst dir vielleicht vorstellen, wie das für mich war. Wie ein Schlag in den Magen hat sich das angefühlt. Ich war verletzt und fühlte mich so gekränkt! Und das von Jesus! Und geschämt habe ich mich auch noch!

Mir wurden die Beine weich, und ich habe mich dann spontan zu den beiden gesetzt. Ich hatte keine Lust und keine Kraft mehr, hin- und herzulaufen und zu bewirten. Dann war erst mal Schweigen, als ich da saß. Maria fühlte sich auch nicht wohl in ihrer Haut, das habe ich gesehen.

Ich saß da und dachte nach. Was hatte Jesus da zu mir gesagt: ›Maria hat das Bessere gewählt.‹ Ja, ich hätte mich gern auch einfach hingesetzt. Aber ich habe mir das nicht erlaubt. Einfach zu machen, was ich gern möchte. Ich als die Ältere habe halt immer Verantwortung übernommen. Ich habe mich gekümmert: dass alle etwas zu essen haben, etwas anzuziehen, dass das Haus sauber ist und so weiter. Dass alle anderen sich wohlfühlen. Aber ich selbst? Bin irgendwie dabei auf der Strecke geblieben. Wann hatte ich schon mal Zeit, einfach nichts zu tun oder einfach das zu tun, was ich gern für mich möchte? Das hat mich ganz traurig gemacht.

In der Zwischenzeit hatte Jesus weitergeredet. Ich hörte auf einmal, dass er sagte: Du sollst Gott lieben und deinen Nächsten wie dich selbst.

Dann klang mir das ›wie dich selbst‹ im Ohr. Wie dich selbst – wie dich selbst – wie dich selbst. ›Mich selbst lieben? Darf ich das?‹ Ohne es zu merken, hatte ich das laut ausgesprochen. Und Jesus hörte auf zu reden, guckte mich an und sagte erstaunt: »Natürlich! Nur wenn du selbst für dich sorgst, wenn du dich selbst liebst, dann kannst du auch gut für andere sorgen. Wenn du auch mal Nein sagst und dir Zeit für dich nimmst, Zeit für einen Spaziergang, Zeit für Meditation, Zeit für ein Gebet. Wenn du zur Ruhe kommst, dann kannst du wieder Kraft finden und dich mit Liebe erfüllen lassen und diese Liebe weitergeben.

›Wie schön, dass mir das jemand sagt, dass DU mir das sagst, Jesus. Dann fange ich doch gleich damit an!‹ Jesus und Maria mussten lachen. Dann haben wir zu dritt weiter im Garten gesessen und Jesus zugehört, und er hat auch nach uns gefragt, was uns bewegt und belastet. Es war dann noch ein schöner gemeinsamer Nachmittag. Und als wir dann später noch mehr Hunger und Durst hatten, sind wir alle drei ins Haus gegangen und haben die Sachen rausgeholt.

Das war vielleicht was. Das werde ich mein Leben lang nicht vergessen. Und hoffentlich mich immer daran erinnern, dass ich auch mal Pause mache und nicht immer nur renne und für andere sorge, sondern auch auf mich schaue und Zeit für Meditation und für meinen Glauben finde. Das habe ich früher nie gemacht. Aber das wird jetzt anders. Beides ist gleichwertig, aber nur eins ohne das andere gibt eine Schieflage.«

42

ZEIT FÜR DIE SEELE

Einführung

Die Andacht ist von einer Geschichte, die wohl indischen Ursprungs ist, und dem Bibeltext »Alles hat seine Zeit« gerahmt. Sie geht der Fragestellung nach: Was ist die Seele und was tut der Seele gut?

Bibeltext

Prediger 3,1-8 Alles hat seine Zeit

Lieder

- Schweige und höre (EG 614; CD: Von Herzen gern)
- Lobe den Herrn meine Seele (in: »Kommt, atmet auf«, Nr. 10; CD: Kommt atmet auf)
- Du meine Seele, singe (EG 302)

Ansprache

War jemand von Ihnen schon einmal in einer Wüste? *(Erzählen lassen, wo und wie das war. Ich selbst erzähle auch von meinen Erfahrungen in der Wüste: Ritt auf einem Kamel in unglaublicher Hitze in der Sandwüste auf der Seidenstraße in Dunhuang in China. 46 Grad Celsius. Keine Wolke am Himmel, der Sand wurde so heiß, dass ich ihn nicht mit den Füßen berühren konnte. Hohe Sandberge, wohin das Auge auch blickte. Und dann eine kleine Oase mit einem Tempel und einer Wasserstelle in Mondsichelform mit einigen Bäumen drum herum. Das sah unglaublich schön aus.)*

Ich möchte Ihnen gern eine Geschichte erzählen, die in einer Wüste spielt:

Europäer waren in einer Wüste unterwegs. Sie heuerten Beduinen mit Kamelen als Lastenträger an. Sie trieben sie an, immer mehr, immer schneller, um rasch die Wüste zu durchqueren. Nach drei Tagen setzten sich die Beduinen mit ihren Kamelen einfach auf den Boden in den Sand und waren nicht zu bewegen, wieder aufzustehen. Auf die Frage, was das solle, antworteten sie: »Wir müssen warten, bis unsere Seele nachkommt.«

Ich mag diese Geschichte. Sie erinnert mich daran, dass es etwas Unsichtbares in mir und in anderen Menschen gibt mit Namen »Seele«. Existiert die Seele, obwohl wir sie nicht sehen?

Ich denke schon! Wo sie genau sitzt im Körper, das ist schwer zu sagen, sie ist ja unsichtbar. Vielleicht ist sie mal hier und mal da.

Seele ist ein Ausdruck für alles das, was in mir passiert, was nach außen gar nicht sichtbar ist: für Gefühle zum Beispiel: für Glück, für Traurigkeit, für Liebe, für Hass, für Angst, für Mut. Für das, was mir lieb und teuer ist. Vielleicht heißt sie auch bei manchen Menschen »Bauchgefühl«. Manchmal sagt man ja: Jemand ist eine gute Seele. Oder eine Seele von Mensch.

Wie ist die Seele? Die Seele ist auf jeden Fall langsam, wenn ich die Geschichte ernst nehme. Sie braucht Zeit nachzukommen. Eile mit Weile. Bloß nicht so schnell. Die Geschichte ist ein Plädoyer dafür, sich mal niederzulassen und Pause zu machen. Nicht auf der Flucht zu sein, sondern sich Zeit zu nehmen innezuhalten. Sich niederzulassen, in sich hineinzuhören.

Als »Seelsorgerin« sorge ich für die Seele. Ich bin besonders aufmerksam für die Seele. Ich nehme mir Zeit und höre zu. Ich warte auf das, was mir die Seele des Gegenübers anvertrauen möchte.

Zeit für die Seele ist Zeit in Stille. Sich niederlassen und nach innen hören und spüren. Zur Ruhe kommen und wahrnehmen, was mich bewegt.

Manchmal geschehen Dinge im Leben, wo wir eine Weile brauchen, bis unsere Seele hinterherkommt. Eine plötzliche Erkrankung, ein überraschender Todesfall, oder wenn eine Trennung geschieht oder eine Katastrophe passiert; viele von Ihnen haben schlimme Erfahrungen im Krieg gemacht. Diese Erfahrungen brauchen oft sehr lange, bevor die Seele da hinterherkommt.

Auch beim Einzug in ein Altersheim oder Pflegeheim braucht die Seele Zeit zur Verarbeitung: Abschied von einer Lebensphase in Selbstständigkeit, sich trennen von vielen Dingen, die ich nicht mitnehmen kann. Das ist mit Trauer verbunden. Dafür braucht die Seele Zeit. Hoffentlich gewinnt die Seele auch neue Freude dazu: im Erleben von Gemeinschaft mit den anderen Bewohnerinnen und Bewohnern. Wie war das für Sie am Anfang, als Sie hier einzogen?

(Austausch im Gespräch: Wann war das, wie war das, was hat geholfen, sich einzuleben?)

Ein Gespräch mit jemandem kann in so einer Situation helfen – mal alles auszusprechen, was mich belastet und sortieren: Was beschäftigt mich, was ist dran? Wovon muss ich mich eventuell verabschieden? Was kann neu beginnen?

Gefühle brauchen Raum: Trauer, Verzweiflung. Aber auch: Was stärkt mich und gibt mir Halt und Hoffnung? Wo sind Wege, die ich gehen kann?

Da brauche ich jemanden, die zuhören kann und mir Raum gibt. Die mir hilft, für meine Seele zu sorgen.

Aber auch Schönes braucht Zeit zur Verarbeitung. Wenn die Seele auf einmal Flügel bekommt, dann schwingt sie sich auf und jubelt. Das kann wunderschön sein: ein besonderes Geschenk, ein Wiedersehen, ein Wunsch, der unerwartet in Erfüllung geht, oder auch das zarte Pflänzchen einer neue Liebe. Da ist die Seele dann vielleicht auch etwas schneller.

Ich möchte Ihnen gern einen biblischen Text vorlesen, in dem alles bedacht wird, wofür die Seele Zeit braucht. Da heißt es:

»Ein jegliches hat seine Zeit,
und alles Vorhaben unter dem Himmel hat seine Stunde:
geboren werden hat seine Zeit,
sterben hat seine Zeit;
pflanzen hat seine Zeit,
ausreißen, was gepflanzt ist,
hat seine Zeit;
töten hat seine Zeit,
heilen hat seine Zeit;
abbrechen hat seine Zeit,
bauen hat seine Zeit;
weinen hat seine Zeit,
lachen hat seine Zeit;
klagen hat seine Zeit,
tanzen hat seine Zeit;
Steine wegwerfen hat seine Zeit,
Steine sammeln hat seine Zeit;

herzen hat seine Zeit,
aufhören zu herzen hat seine Zeit;
suchen hat seine Zeit, verlieren hat seine Zeit;
behalten hat seine Zeit,
wegwerfen hat seine Zeit;
zerreißen hat seine Zeit,
zunähen hat seine Zeit;
schweigen hat seine Zeit,
reden hat seine Zeit;
lieben hat seine Zeit,
hassen hat seine Zeit;
Streit hat seine Zeit,
Friede hat seine Zeit.

(Prediger 3,1-8)

Beide Texte – die Geschichte in der Wüste und der biblische Text – laden uns ein, dem nachzuspüren, was gerade dran ist, und die Seele nachkommen zu lassen, bzw. ihr Raum zu geben. Was braucht jetzt Zeit? Was brauche ich gerade? Was will ich auch vor Gott legen und ihm im Gebet anvertrauen? »Gott gab uns die Zeit, aber von Eile hat er nichts gesagt!« (Imru' al-Qais, 6. Jh. n. Chr., beduinischer Dichter)

Nehmen wir uns also Zeit für uns und unsere Seelen!

43

DER ANGST BEGEGNEN

Einführung

In Verbindung mit Psalm 27 und einem Vers aus Joh 16,33 (»In der Welt habt ihr Angst.«) setze ich mich mit dem Thema Angst auseinander. Wie können wir mit Angst umgehen, wenn sie uns überfällt? Ich erzähle als ein mutmachendes Beispiel die Geschichte von der Begegnung von Lukas und Jim Knopf mit dem Scheinriesen Herrn Turtur aus Michael Ende: »Lukas der Lokomotivführer und Jim Knopf«. Wenn wir der Angst bzw. dem, was in uns Angst auslöst, entgegengehen, ihr begegnen, dann wird sie kleiner.

Material

Kopie von Psalm 27 in der abgedruckten Übertragung

Psalm 27

In der Übertragung von Winfried Penk
Hanne Köhler, Heidi Rosenstock, Du Gott, Freundin der Menschen,

Gott ist uns Licht und Heil,
vor wem sollten wir uns fürchten?
Gott gibt uns Kraft und Mut,
wovor sollten wir Angst haben?
Wenn etwas auf uns zukommt,
drohend und gefährlich,
dann verlieren wir nicht den Mut.
Wenn wir meinen, wir schaffen es nicht,
dann denken wir daran,
dass Gott uns hilft.
Gott, sei du immer bei uns,
dann sind wir nicht allein.
Lass uns den Weg deiner Güte gehen,
denn wo Güte ist, da verschwindet die Angst,
und das Leben kehrt wieder, das wir suchen.
Amen.

Lieder

- Fürchte dich nicht (EG 607)
- Wer nur den lieben Gott lässt walten (EG 369,1.3.7)
- Ins Wasser fällt ein Stein (EG 620)

Ansprache

Im Psalm 27 haben wir gebetet: »Gott ist uns Licht und Heil, vor wem sollten wir uns fürchten? Gott gibt uns Kraft und Mut, wovor sollten wir Angst haben?« Nun ja, natürlich haben wir manchmal Angst, aber es ist die Frage, wie wir damit umgehen! Niemand von uns ist ohne Angst. Es gibt einen Satz, in dem Jesus sagt: »In der Welt habt ihr Angst, ich aber habe die Welt überwunden.« (Joh 16,33). Auch Jesus kannte Angst. Nicht oft lesen wir von seiner Angst, wohl aber in der Geschichte, in der er kurz vor seinem Tod im Garten Gethsemane betet. Jesus betet, sucht die Zwiesprache mit Gott, als er in Todesangst ist. Als er solche Angst hat, wünscht er sich, dass er von seinen Freunden nicht allein gelassen wird.

Gibt es Situationen, die Sie erinnern, in denen Sie Angst hatten? *(Austausch)*

In dem Kinderbuch »Lukas der Lokomotivführer und Jim Knopf« von Michael Ende gibt es eine Episode, die mir hin und wieder einfällt, wenn es um Angst geht. Es ist die Begegnung von Lukas und Jim Knopf mit Herrn Turtur, dem »Scheinriesen«. Lukas ist ein erwachsener Lokomotivführer und Jim Knopf, sein kleiner schwarzer Freund, ein Findelkind. Kennt jemand von Ihnen die Geschichte? Die beiden haben sich auf den Weg gemacht, um die Herkunft von Jim zu erforschen, der in einem Paket auf der kleinen Insel Lummerland eingetroffen ist, auf der Lukas der Lokomotivführer wohnt. Dabei müssen sie eine Wüste durchqueren. Auf ihrem Weg durch die Wüste sehen sie auf einmal am Horizont einen alten hageren Riesen mit einem langen weißen Bart und einem Zipfelhut. Er scheint zwischen Himmel und Erde eingeklemmt zu sein. Beide bekommen einen riesigen Schrecken. Jim fürchtet sich und möchte schnell weglaufen.

Bei genauerem Hinsehen bewegt sich der Mann gar nicht, sondern winkt den beiden zaghaft zu. Er sieht auch gar nicht unfreundlich aus. Bei Lukas und dann auch bei Jim siegt die Neugier und sie gehen Schritt um Schritt auf die irgendwie doch unheimliche riesige Gestalt zu. Dann passiert etwas sehr Merkwürdiges: Der Riese wird immer kleiner, je näher sie ihm kommen. Als sie ganz bei ihm angekommen sind, steht kein Riese vor ihnen, sondern das Männchen ist sogar noch etwas kleiner als Lukas der Lokomotivführer. Ein rätselhaftes Phänomen!

Der »Riese« heißt Herr Turtur und ist nur ein »Scheinriese«. Er erklärt den beiden: Normalerweise sieht man kleiner aus, je weiter man weg ist. Bei ihm sei das jedoch genau anders herum: Je weiter er weg ist, desto größer sehe er aus, obwohl er in Wirklichkeit nicht größer ist als andere Menschen. Da ihn die meisten Menschen aber aus der Ferne zuerst sehen, denken sie, er sei sehr groß. Sie bekommen Angst vor ihm und laufen weg. Er selbst ist dadurch sehr allein und das macht ihn traurig. Er freut sich sehr, dass Jim und Lukas ihre Angst überwunden haben und auf ihn zugegangen sind.

Ich finde, dass der Autor Michael Ende hier eine unglaubliche Idee hatte. Die Geschichte von Herrn Turtur, der in der Ferne größer wird, setzt ein inneres Erleben um in ein Bild. Manchmal ist es so, dass in der Ferne ein Ereignis auf uns wartet, das in unserem Inneren wie ein riesiger Berg erscheint und Angst macht. Die ersten Schritte darauf zu mögen voller Angst sein, aber Schritt für Schritt wird der Weg zum Gipfel kürzer. Die Bergspitze kommt näher und wird kleiner. Schritt für Schritt wächst das Zutrauen, dass man es schafft. Irgendwann ist man angekommen und dann ist es auch vorbei mit der Angst. Dann erscheint der Berg nicht mehr so riesig. Dann hat man es geschafft!

Jim und Lukas waren zu zweit und konnten Hand in Hand gehen, Seite an Seite und sich gegenseitig Mut machen auf dem Weg zum Scheinriesen. Wer ist an meiner Seite und macht mir Mut, dem inneren Scheinriesen entgegenzugehen? Gott und Menschen – schau dich nur um! Auch ein Gebet in Zeiten der Angst hilft, die Angst mit ins Gespräch und vor Gott zu bringen. Dann wird sie schon etwas kleiner. Oder wie es im Ende von Psalm 27 heißt: »Lass uns den Weg deiner Güte gehen, Gott, denn wo Güte ist, da verschwindet die Angst, und das Leben kehrt wieder, das wir suchen.« So sei es!

44

HÖR MAL

Einführung

Es geht um das Ohr und um das Hören. Das Ohr ist unser »religiöses Organ«, hören wir doch mit ihm das Wort Gottes! Die Andacht wird mit einer Übertragung des Psalms 86 gemeinsam begonnen. In die Ansprache ist eine kurze »Hörübung« mit einer Klangschale integriert. (Alle haben bisher mitgemacht.) Es tut unserer Seele gut, wenn wir von anderen Menschen und von Gott gehört (und auch gesehen) und verstanden werden. Die Lieder knüpfen ans Thema Hören an.

Optional kann noch das Gleichnis vom Sämann und die dazugehörende Deutung gelesen werden. Da geht es um das richtige Hören. (Lk 8,4-15) Darauf wäre dann in der Ansprache kurz hinzuweisen.

Material

Eine Klangschale
Eine Kopie des Psalms 86, wie unten abgedruckt

Aus Psalm 86

In der Übertragung von Jörg Zink
Zink, Jörg, Stern über dunklem Land,

Mein Gott, höre mich!
Bewahre meine Seele, denn ich bin dein!
Hilf du mir, mein Gott,
ich verlasse mich auf dich.
Sei mir gnädig,
denn ich rufe täglich zu dir.
Du bist gütig und freundlich
gegen alle, die dich anrufen.
So rufe ich dich an in meiner Not
und weiß: Du hörst mich.
Weise mir, Gott, deinen Weg,
dass ich gehe in deiner Wahrheit.
Erhalte mein Herz bei dem einen:
dich zu ehren.
Ich will dir danken von ganzem Herzen
und dich in Ewigkeit preisen.
Denn gütig warst du gegen mich
und hast mich errettet
aus der Tiefe des Todes.
Amen.

Lieder

- Liebster Jesu, wir sind hier (EG 161)
- Gott gab uns Atem (EG 432)
- Schweige und höre (EG 614; CD: Von Herzen gern)

Ansprache

In dem Psalm, den wir gerade gebetet haben, ging es viel um das Hören. Das Ohr ist für mich eines der faszinierendsten Organe: Es ist das Sinnesorgan, das beim Embryo *als Erstes* funktioniert. Schon in der Mitte der Schwangerschaft nimmt das Ohr seinen Dienst auf und ist tipptopp fertig: Es hört die Herztöne der Mutter sowie alle anderen körperlichen Geräusche und nimmt innere und äußere Bewegungen wahr. Das Ohr ist auch das Organ, das am Ende des Lebens noch am längsten seinen Dienst tut. So ist es bei der Begleitung von Sterbenden besonders wichtig, *mit* den Sterbenden zu sprechen anstatt in ihrer Gegenwart *über sie*. Man sollte deswegen niemals in der Gegenwart von Sterbenden verletzende Worte und Sätze fallen lassen. Auch Patienten, die im Koma liegen, können uns vermutlich hören. Ich sage mal: Am Anfang war das Ohr und am Ende ist das Ohr.

Wir hören unterschiedlich gut, manche »hören die Flöhe husten« – wie es eine Redensart sagt. Leider gehört für viele Menschen zum Älterwerden dazu, dass die Ohren ihren Dienst nicht mehr so gut tun können und man schwerer hört, so auch vielleicht bei einigen von Ihnen. Das erschwert sehr die Kommunikation mit anderen. Wer schlecht hört, fühlt sich leicht ausgeschlossen und hat Mühe, alles mitzubekommen. Das macht manchmal auch aggressiv. Wie geht es Ihnen mit den Ohren und mit dem Hören? *(Austausch)*

Ohren wachsen bis zum Ende unseres Lebens, deswegen haben sehr alte Menschen meist sehr große Ohren. Schauen Sie sich mal um und schauen Sie die Ohren der anderen an und nachher vielleicht noch die eigenen Ohren im Spiegel. Waren die schon immer so groß? Haben Sie mal Bilder von Buddha-Figuren gesehen? Die haben meist sehr lange Ohren, die das Symbol für langes Leben und der damit verbundenen Weisheit sind.

Ich habe heute etwas mitgebracht und vermute, dass einige von Ihnen wissen, was das ist. *(Ich halte eine Klangschale hoch und lasse raten.)* Es ist eine Klangschale. Sie gehört in den asiatischen Raum. In jedem buddhistischen Tempel findet sich eine Klangschale, oft sehr groß. Ich möchte gern ein kleines Experiment mit Ihnen machen. Nur so zum Spaß. Ich schlage gleich die Klangschale an. Sie klingt sehr lange. Hören Sie mal genau hin. Und wenn Sie den Klang nicht mehr hören, dann heben Sie bitte ganz leise die Hand und sind noch so lange leise, bis alle den Ton nicht mehr hören.

(Austausch: Nach der Übung frage ich die Anwesenden, was sie sonst noch außer dem Ton der Klangschale gehört haben.)

Das Ohr scheint mir auch unser religiöses Organ zu sein. Alle Religionen widmen dem Hören eine besondere Aufmerksamkeit. Im Alten Testament heißt es sinngemäß: »Höre, so wird deine Seele leben.« Gehört werden soll hier natürlich das Wort Gottes: Wer es hört, soll Kraft zum Leben bekommen. Im Neues Testament schreibt Paulus: »Der Glaube kommt aus dem Hören.« In indischen Weisheitslehren heißt es: »Das Ohr ist der Weg.« Und im Koran: »Schließe deine Augen und höre.«

Wenn wir beten, dann gehen wir davon aus, dass Gott uns hört und »ganz Ohr ist«. So gibt es viele Verse in den Psalmen, die Gott anflehen, doch seine Ohren für die Klage und Not zu öffnen: »Aus der Tiefe rufe ich, Herr, zu dir. Herr, höre meine Stimme! Lass deine

Ohren merken auf die Stimme meines Flehens!« So beginnt der Psalm 130. Es gibt viele wunderbare Vertonungen davon. Vorhin haben wir Verse aus Psalm 86 zusammen gesprochen, da ergeht die Bitte an Gott: »Höre mich!« und später die Gewissheit: »Ich weiß, du hörst mich.«

Es hilft unserer Seele, wenn wir das, was uns bedrückt, mit jemandem teilen können, der uns gut zuhören kann. Wer gehört wird, lebt auf. Denn aufmerksames Zuhören drückt große Zuwendung aus. Bedeutet es doch: »Ich nehme mir Zeit für dich, du bist mir wichtig, ich möchte wissen, wie es dir geht; und dich nicht allein lassen in dem, was dich bedrückt.« Auf der anderen Seite braucht es auch Vertrauen, dass der Zuhörende es gut mit mir meint, einiges aushalten kann und dass er oder sie verschwiegen ist.

Richtig zuhören ist eine Kunst. Wenn ich mir jemanden suche, die mir gut zuhören kann, wenn meine Seele es braucht, dann sorge ich selbst gut für mich und meine Seele.

Ich wünsche uns allen, dass wir gesehen und gehört werden mit dem, was uns beschäftigt. Gesehen und gehört von Menschen, die uns nahe sind, und von Gott.

45

SONNENBLUMEN-DANK (ERNTEDANK)

Einführung

Wenn wir beim Erntedankfest Danke sagen, dann ist zunächst das Schöne und Helle im Blick. Aber auch das, was im Leben dunkel oder traurig ist, darf benannt und soll nicht verdrängt werden. Die Sonnenblume mit ihrer dunklen Mitte und den leuchtend gelben Blütenblättern ist für beides ein Symbol und wird in der Ansprache bedacht. Dazu passt auch der Text des Liedes »Danke für diesen guten Morgen«, wo das Helle und auch die Traurigkeiten genannt sind.

Material

Eine Kopie von Psalm 104 zum Mitsprechen
Für die Dekoration des Altars möglichst viele Sonnenblumen

Aus Psalm 104

In der Übertragung von Jörg Zink
Zink, Jörg, Stern über dunklem Land,

Ich will dich rühmen, mein Gott!
Wie bist du so groß!
Schönheit und Glanz sind dein Kleid.
Licht hüllt dich wie in einen Schleier.
Du breitest den Himmel aus wie ein Zelt
und bist uns nahe
in allen Räumen des Alls.
Wolken sind deine Wagen,
auf Flügeln des Windes fährst du dahin.
Fest ist die Erde, auf der wir stehen.
Du hast sie gegründet.
Du lässt Quellen rinnen
zwischen den Bergen.
Die tränken die Tiere auf dem Feld.
An den Ufern wohnen die Vögel
und singen unter den Zweigen.
Du tränkst die Berge mit deinen Wassern.
Aus deinen Wolken wird die Erde satt.
Du lässt Gras sprießen für die Tiere
und Saatgrün unter der Hand des Menschen.
Brot bringst du aus der Erde hervor
und Wein, der unser Herz froh macht.
Gott, unendlich reich sind deine Werke.
In Weisheit hast du sie alle geschaffen,
und die Erde ist deiner Schöpfungen voll.
Alles Preisens würdig ist Gott.

Ich will ihm singen mein Leben lang.
Ich will ihm spielen, solange ich bin,
mir zur Freude und ihm zum Ruhm.
Ehre sei dem Vater und dem Sohn
und dem heiligen Geiste,
wie es war im Anfang,
jetzt und immerdar
und von Ewigkeit zu Ewigkeit.
Amen.

Lieder

- Lobe den Herren, den mächtigen König (EG 316)
- Danke für diesen guten Morgen (EG 334)
- Nun danket alle Gott (EG 321)

Ansprache

Im Moment gibt es in den Gärten wieder viele Sonnenblumen zu sehen. Es ist jedes Jahr ein Wunder, wie aus einem kleinen Sonnenblumenkern eine meterhohe Sonnenblume wachsen kann. Mit ihren Blütenblättern strahlt sie wie eine kleine Sonne und erfreut uns. Wenn ihre Zeit dann vorbei ist, lässt sie den Kopf hängen, und je nach Sorte geben die Kerne aus ihrer Mitte den Vögeln Nahrung. Und nicht zuletzt wir selbst essen die Sonnenblumenkerne im Brot oder im Müsli. Sie sind gesund! Die Blüte der Sonnenblume hat helle, fröhliche, gelbe Blätter und eine dunkle, eine braune Mitte. Vielleicht leuchten die gelben Blätter auch so hell, weil sie eine dunkle Mitte haben. So wie bei der Sonnenblume gibt es auch in unserem Leben Helles und Dunkles! Es gibt Freude und Leid, Schönes und Trauriges!

Wenn es uns gut geht, dann strahlen wir hell, und andere sehen es uns an – an unserem Lachen und an unserer Fröhlichkeit: Wir tragen unsere Freude nach außen. Wir sind dankbar für das, was wir erlebt haben, oder für etwas, das gelungen ist, oder für die Liebe und Zuwendung, die wir erleben.

Wenn es uns nicht gut geht, dann fühlen wir uns innerlich eher dunkel und traurig. Oft versuchen wir, dies Dunkle und Traurige zu verbergen und tief in uns zu verschließen, sodass es hoffentlich niemand anders merkt. Wir versuchen, trotzdem nach außen zu strahlen, aber es gelingt nicht immer. Unsere Augen sind trübe und das Lachen nicht richtig fröhlich. Außen hell und innen dunkel. Oft dringt doch etwas von der Dunkelheit nach außen. Sie lässt sich eben nicht ganz verbergen.

Ich vermute, dass Sie das beliebte Kirchenlied »Danke für diesen guten Morgen« kennen. Darin heißt es in der 3. Strophe: »Danke für alles Frohe, Helle«, und in der nächsten Strophe heißt es dann gleich zu Anfang: »Danke für manche Traurigkeiten«. Der Dank für das Helle und sogar für das Dunkle wird bedacht, denn beides gehört zum Leben dazu! An unseren Traurigkeiten merken wir auch, dass wir leben, dass wir vielleicht etwas verloren haben, was uns wichtig war, oder dass sich etwas in unserem Leben ändert. Oder es hat uns jemand wehgetan, das ist auch sehr traurig. Manchmal wird uns hinterher deutlich, dass auch die dunklen Zeiten in unserem Leben ihren Sinn hatten und Gott uns auch dort nahe war.

Wenn wir uns in den dunklen Zeiten an das Helle und Schöne, das wir in unserem Leben erlebt haben, erinnern, dann tut das gut und kann uns helfen, eine dunklere Zeit zu überstehen.

Wofür möchten Sie heute Danke sagen? *(Austausch)* Das, was Sie eben gesagt haben, nehme ich in unser Fürbittengebet mit auf. Zunächst singen/hören wir aber das Lied: »Danke für diesen guten Morgen«, das ich eben erwähnt habe.

46

LABYRINTH DES LEBENS

Einführung

Die Andacht ist eine Bildbetrachtung zu »Labyrinth und Rose« von Sieger Köder. Es geht um das Labyrinth als Symbol für unseren Lebensweg zur inneren Mitte und zu Gott. Ich verknüpfe es mit dem Ich-bin-Wort Jesu »Ich bin der Weg«. Die Lieder greifen die Motive Sehnsucht nach Gott, Rose und den Weg auf.

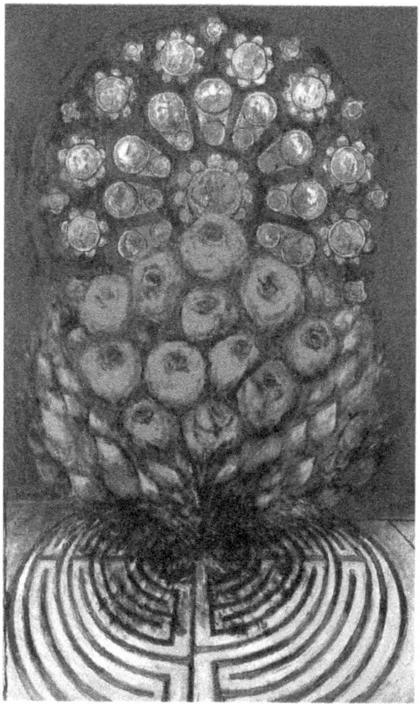

Quelle: Sieger Köder, Labyrinth und Rose

Material

Eine Karte für jede mit dem Bild »Labyrinth und Rose« von dem Maler Sieger Köder (zu beziehen z.B. im ›Wort im Bild Shop‹ [info@wortimbild.de] unter dem Titel »Labyrinth und Rose«)

Psalm

Ps 23 (gemeinsam)

Bibeltext

Joh 14,1-7 »Ich bin der Weg«

Lieder

- Da wohnt ein Sehnen tief in uns (in: »Himmel, Erde, Luft und Meer«, Nr. 142; CD: Von Herzen gern)
- Wenn das Brot, das wir teilen, als Rose blüht (in: »Himmel, Erde, Luft und Meer«, Nr. 69; CD: Meine Zeit in deinen Händen [Paulaner Band])
- Befiehl du deine Wege (EG 361)

Ansprache

Ich habe Ihnen heute eine Karte mitgebracht.

Was sehen Sie auf der Karte? *(Austausch)*

Die Karte ist dreigeteilt. Unten ist ein Labyrinth zu sehen, in der Mitte ein üppiger Rosenstrauß und im oberen Drittel ein rundes Kirchenfenster. Das Bild heißt »Labyrinth und Rose« stammt von dem Pfarrer und Maler Sieger Köder (1925-2015).

Das Labyrinth ist ein sehr altes Symbol für den verschlungenen Lebensweg. Es ist außerdem Symbol für innere Reifungsprozesse, die ja auch längere Zeit brauchen und so manchen verschlungenen Weg gehen. Wer durch ein großes Labyrinth auf der weißen Linie geht, kommt ganz am Ende in der Mitte an. So steht ein Labyrinth auch für die Suche nach der eigenen Lebensmitte.

Sind Sie schon mal ein Labyrinth abgegangen? In einer Kirche oder in einem Garten, wo es sie auch manchmal gibt? *(Austausch)*

Es gibt sogenannte Mehrweg-Labyrinthe und Einweg-Labyrinthe. Ein Mehrweg-Labyrinth wird auch als Irrgarten bezeichnet. Da gibt es immer mehrere Möglichkeiten, einen Weg weiterzugehen: Ich muss mich entscheiden, ob ich rechts, links oder geradeaus gehe. Das kann sehr verwirrend sein und genau das ist auch beabsichtigt. In der Natur gibt es manchmal Mais-Labyrinthe, in denen man laufen kann und irgendwie am Ende den Ausweg wiederfinden muss.

Haben Sie so etwas schon einmal gemacht? *(Austausch)*

In einem Einweg-Labyrinth gibt es nur einen Weg, dem ich folge und am Ende in der Mitte ankomme. Ich gehe dabei immer wieder Wendungen und durchschreite mit meinen Schritten den gesamten Kreis. Dabei gehe ich immer wieder nah an der Mitte vorbei, mache eine 180 Grad-Drehung, gehe scheinbar zurück. Und ganz am Schluss komme ich doch in der Mitte an.

Das Bild von Sieger Köder knüpft an einem ganz bestimmten Ort an: der Kathedrale Notre-Dame in Chartres. Sie stammt aus dem 13. Jahrhundert. Der Ort Chartres liegt ungefähr 90 km südwestlich von Paris.

War jemand von Ihnen schon einmal da? *(Austausch)*

Auf dem Bild sehen wir oben die »Westrosette« der Kathedrale in Chartres – das ist das runde Kirchenfenster ganz oben über dem Eingang zur Kirche – und unten das Labyrinth, das in den Fußboden eingelassen ist. Beide haben die gleiche runde Form und beide sind gleich groß und auch gleichweit vom Eingangsportal entfernt.

Damals im Mittelalter gab es die religiöse Grundhaltung: Das Leben ist hart, kalt und steinig; der Blick nach oben offenbart die Schönheit des ewigen Lebens. Hier auf Erden ist es mühsam – da im Himmel schön, hier die Hölle, da das Paradies.

Das entspricht nicht mehr unserem heutigen Lebensgefühl. Die Wahrheit liegt wohl dazwischen. Wir erleben beides hier auf Erden: Dunkles und Gutes, Hölle und Paradies.

Deswegen hat der Maler den üppigen Rosenstrauß als das blühende Leben dazwischen gemalt: zwischen dem Labyrinth auf dem Fußboden und dem Kirchenfenster. Auf unserem Lebensweg pflücken wir so manche Rose, erleben wir Liebe, die unser Leben glücklich macht und uns auf Wolken schweben lässt. Die Rose ist nicht nur ein Symbol für die Liebe, sondern auch für Jesus Christus.

Es gibt Situationen im Leben, da kommen wir uns vor wie in einem Mehrweg-Labyrinth: Der Weg ist zu Ende, führt in eine Sackgasse, ich kann nicht mehr weitergehen, stehe wie vor einer Wand und muss umdrehen.

Wenn wir unser Leben eher als Einweg-Labyrinth verstehen, dann scheint mir das gnädiger zu sein. Der Weg ist nicht auf einmal zu Ende, sondern führt immer weiter, auch wenn wir eine Kehrtwende um eine Kurve und dann um 180 Grad scheinbar zurückgehen. Aber der Weg führt nur scheinbar zurück, er geht weiter, und ich komme der Mitte immer näher.

Manches, das wir erleben, eine Krankheit, eine Trennung, den Verlust eines lieben Menschen, einen Schicksalsschlag oder auch einfach den Lauf des Lebens, dass ich älter werde und nicht mehr alleine zu Hause wohnen kann, fühlt sich an wie ein Schnitt, zwingt uns, anzuhalten in unserem alltäglichen Trott, den bisherigen Weg zu überdenken und die Richtung zu verändern, anders weiterzugehen. Das ist mit Schmerzen und Traurigkeit verbunden. So wie der Weg bisher war, so geht er nicht weiter. Eine Richtungsänderung ist dran, freiwillig oder unfreiwillig. Den Weg anders als bisher weiterzugehen kostet dann häufig Überwindung und ist ein Prozess, der nicht von heute auf morgen innerlich vollzogen werden kann. Gut, wenn wir dann nicht allein dabei sind.

Es gibt einen Untertitel für dieses Bild. Er heißt: »Gott wird über ihnen leuchten«. Auch auf einem schweren Weg gibt es am Wegesrand Rosen zu pflücken: Gott leuchtet vom Jenseits immer wieder mitten ins Diesseits, in unser Leben hinein in der Gestalt von Jesus Christus. »Ich bin der Weg und die Wahrheit und das Leben«, so haben wir die Worte Jesu gehört. Besonders auf den schweren Wegen kann uns unser Glaube begleiten, uns durchtragen und uns wieder Mut und Hoffnung geben. So wie es im Psalm 23 heißt: »Und ob ich schon wanderte im finstern Tal, fürchte ich kein Unglück, denn du bist bei mir.« Gott ist mit uns auf unserem Weg.

Manche Wege machen uns ratlos und traurig, machen Angst. Ich wünsche uns, dass wir begleitet sind von Gott und Menschen. Dass wir dann und wann eine Rose der Liebe entdecken und pflücken können. Dass wir bei aller Schwere und in aller Not spüren, dass wir von Gottes Liebe und von der Liebe von Menschen, die um uns sind, getragen werden.

Lassen wir uns leiten von der Gewissheit: Gott wird über uns leuchten! Jeden Tag und zu jeder Zeit. Richten wir den Blick nach oben und lassen uns stärken von Gottes Wort und Zuversicht. Wir sind begleitet von Gott auf unserem Lebensweg, egal, welche Richtung wir einschlagen. Begleitet, getragen und geliebt.

47

SO NIMM DENN MEINE HÄNDE

Einführung

Diese Andacht widmet sich dem vor allem bei Trauerfeiern beliebten Lied. Der Blick geht auf den Inhalt des Liedes und seine Dichterin Julie (von) Hausmann. Es spricht die menschliche Sehnsucht nach transzendenter Geborgenheit und Begleitung an.

Material

Psalm 121 und Abdruck des Liedes »So nimm denn meine Hände«

Lieder

- Da wohnt ein Sehnen tief in uns (in: »Himmel, Erde, Luft und Meer«, Nr. 142; CD: Von Herzen gern)
- So nimm denn meine Hände (EG 376)
- Bewahre uns, Gott, behüte uns, Gott (EG 171)

Ansprache

Heute möchte ich mich mit dem Lied »So nimm denn meine Hände« beschäftigen. Es ist eins der bekannteren Lieder aus unserem evangelischen Gesangbuch. Kennt es jemand von Ihnen nicht? Woher kennen Sie es?

Mögen Sie das Lied? *(Austausch)*

Es ist das Lied, das vermutlich am meisten bei Beerdigungen gesungen wird. »So nimm denn meine Hände und führe mich bis an mein selig Ende und ewiglich. Ich mag allein nicht gehen, nicht einen Schritt; wo du wirst geh'n und stehen, da nimm mich mit.«

Was nicht so bekannt ist, ist, dass die Dichterin dieses Liedes eine Frau ist: Julie Hausmann heißt sie. Das Lied ist von ihr 1862 gedichtet worden. Die Melodie war da schon etwas älter, sie war schon 20 Jahre vorher von Friedrich Silcher geschrieben worden.

Julie wurde 1826 in Riga geboren. Sie war zeit ihres Lebens kränklich und konnte lange keinen Beruf ausüben. Sie litt wohl unter Kopfschmerzen und Migräne. Sie war die fünfte von sechs Töchtern ihrer Eltern, lebte lange Zeit im Haushalt einer Schwester in Frankreich und ging ihr zur Hand. Sie war nicht verheiratet. Sie ist viel gereist in ihrem Leben und hat an unterschiedlichen Orten gelebt. Sie war sehr christlich und drückte ihren Glauben in vielen Gedichten aus. Sie lebte in einer innigen Beziehung zu Jesus Christus. Der Glaube half ihr, schwere Zeiten durchzustehen.

Es gibt die Geschichte, dass sie mit einem Missionar verlobt gewesen sei. Er fuhr nach Afrika voraus, um alles vorzubereiten. Sie fuhr hinterher, aber als sie am Zielort ankam, musste sie feststellen, dass der Verlobte an einer Krankheit verstorben war.

Was für ein Schmerz muss das gewesen sein! Der Text »So nimm denn meine Hände und führe mich« könnte eigentlich auch für einen Gang zum Traualtar getextet worden sein. Wer weiß? Nun richtete sich dieser Text jedoch an Gott, mit der Bitte um Begleitung und Bewahrung im weiteren Leben, das so anders weitergehen würde, als zu dem Zeitpunkt eigentlich geplant.

Wie oft ist es so, dass ein unerwarteter Schicksalsschlag alle zuvor geschmiedeten Pläne zunichtemacht und eine völlige Neuorientierung erforderlich ist. Ich sehe sie vor mir stehen: fassungslos am Grab ihres Verlobten, in der Fremde, allein, und nicht wissend, wie es jetzt weitergehen soll.

Julie schrieb viele christliche Gedichte, nicht nur das bekannte Lied. Und es mag sein, dass ein Gedicht von ihr auf das traurige Erlebnis hinwies:

»So hab' auf's Neu' die Heimath ich verlassen; bald trennen hundert Meilen mich von ihr. Gib mir die Hand, ich will sie fester fassen, mein Gott, und bleib allüberall bei mir. Und was auch kommen mag in Lust und Leiden, lass mich nur nichts von Deiner Liebe scheiden!« (in: Elisabeth Schneider-Böklen, Der Herr hat Großes an mir getan. Frauen im Gesangbuch, Stuttgart 1995)

Am Ende heißt es: »Ich will nicht weinen, – Herr, ich traue Dir, Ich geh', wie Du mich führst; – nur bleib bei mir.«

In den schweren Zeiten, die sie erlebte, gab sie sich dem Glauben an Jesus Christus anheim. Seine Begleitung und Führung waren ihr Halt und ihre Hoffnung für die Zukunft.

Sie war sehr bescheiden. Sie stimmte der Veröffentlichung ihrer Gedichte nur sehr zögernd zu und auch nur, weil der Erlös sozialen Einrichtungen in Berlin und in Hongkong zugutekommen würde.

»So nimm denn meine Hände und führe mich« – die weiteren Strophen zeugen von einer großen Innigkeit und dem Verlangen, sich gänzlich in Gottes Geborgenheit fallen zu lassen:

»In dein Erbarmen hülle mein schwaches Herz, und mach es gänzlich stille in Freud und Schmerz. Lass ruh'n zu deinen Füßen dein armes Kind, es will die Augen schließen und glauben blind!«

Zur Ruhe kommen, endlich ausruhen, mit geschlossenen Augen sich fallen lassen. Vielleicht ist hier auch ein kleiner Hinweis auf die sie quälende Migräne zu finden: Bei Migräne ist es am besten, im Dunkeln zu sein, die Augen zu schließen und viel Ruhe zu haben.

Im letzten Vers kommt es noch einmal zu einer erstaunlichen Äußerung: »Wenn ich auch gar nichts fühle von deiner Macht, du bringst mich doch zum Ziele auch durch die Nacht.«

Es klingt so, als ob Julie doch das Gefühl der Gottesferne kannte, wenn sie dichtet, dass sie von Gottes Macht nichts fühlt. Die Nacht könnte ein Bild für die gefühlte Gottesferne sein, für die Dunkelheit im Glauben. Und doch hält sie auch gegen diese gefühlte Gottesferne fest am Glauben, dass sie am Ende der Nacht doch bei ihrem Ziel ankommt, bei Gott, der sie in Geborgenheit aufnimmt.

Dieses Lied spricht viele Menschen sehr an. Es drückt die Sehnsucht und Hoffnung auf Getragensein in Geborgenheit bis zum Lebensende, am Lebensende und darüber hinaus aus. Ein Lied, das zu Herzen geht. Es spricht zu uns von Herz zu Herz.

Lassen wir uns nun in das Lied fallen und singen es gemeinsam.

48

ALTWERDEN IST NICHTS FÜR FEIGLINGE

Einführung

Ich möchte mit den Bewohnerinnen über das Altwerden ins Gespräch kommen. Als Grundlage eignen sich Verse aus Psalm 71. Die Schrecken des Alterns dürfen zur Sprache kommen wie auch die Freuden des Alterns. Darunter ist auch der Glaube mit der Zuversicht, in allen Phasen des Lebens von Gott begleitet und beschützt zu sein. Das Lied »So nimm denn meine Hände« passt gut zum Thema. Es wird meist mit Beerdigungen verknüpft. Eigentlich ist es für eine Hochzeit komponiert worden (s.o., Andacht Nr. 47). Das sollte vor dem Singen/Abspielen thematisiert werden.

Material

Eine Kopie mit den ausgewählten Psalmversen zum Mitsprechen.

Psalm 71

Ps 71,1.3.5.9.12.18.20.21

Bitte um Gottes Hilfe im Alter

Gott, ich traue auf dich,
lass mich nimmermehr zuschanden werden.
Sei mir ein starker Hort, dahin ich immer fliehen kann,
der du zugesagt hast, mir zu helfen;
denn du bist mein Fels und meine Burg.
Denn du bist meine Zuversicht, mein Gott,
meine Hoffnung von meiner Jugend an.
Verwirf mich nicht in meinem Alter,
verlass mich nicht, wenn ich schwach werde.
Gott, sei nicht ferne von mir;
mein Gott, eile, mir zu helfen!
Auch verlass mich nicht, Gott, im Alter,
wenn ich grau werde.
Du lässest mich erfahren viel Angst und Not,
du machst mich wieder lebendig
und holst mich wieder herauf aus den Tiefen der Erde.
Du machst mich sehr groß und tröstest mich wieder.
Amen

Lieder

- Befiehl du deine Wege (EG 361)
- Von guten Mächten (EG 65)
- So nimm denn meine Hände (EG 376)

Ansprache

Wir haben gerade die Worte aus Psalm 71 gemeinsam gelesen. Welcher Satz spricht Sie besonders an? *(Austausch)*

Was löst das bei Ihnen aus? *(Austausch)*

Wann ist man alt? *(Austausch)*

Fühlen Sie sich alt? *(Austausch)*

Alt und Grau – ist so eine typische Verbindung. Stimmt das so? *(Austausch)*

Ich habe in meinem Freundeskreis einige, die schon mit 30 Jahren total graue Haare hatten. ...

Alt werden – das bringt vieles mit sich: woran denken Sie zuerst? Alt werden hat ja positive und auch negative Seiten *(Austausch)*

Es stellen sich Krankheiten ein, und es gibt körperliche und auch geistige Einschränkungen, die ein selbstständiges Leben einschränken oder gar unmöglich machen können. Im Alter werden wir schwächer und hilfsbedürftiger. Und beim Blick zurück kann es auch sein, dass sich ein Schmerz einstellt, weil wir uns etwas im Leben vorgenommen hatten, das wir so nicht realisieren konnten.

Und doch gibt es auch die andere Seite des Alt-werdens. Dazu gehören Erfahrung und eine im Laufe des Lebens erworbene Gelassenheit. Wir kennen unsere eigenen Grenzen besser. Wir haben Früchte des Lebens gesammelt. Wir haben einen Erfahrungsschatz erworben, aus dem wir leben können. Dazu gehört auch Dankbarkeit. Vielleicht haben wir Weisheit erlangt. Alter und Weisheit, das wurde früher immer zusammengedacht: Altersweisheit.

Beides gehört zusammen: auf der einen Seite die Beschwernisse des Alt-werdens, so will ich sie mal nennen. Es gibt vieles, was manchen eher ängstigt, wenn wir über das Altern nachdenken. Aber auf der anderen Seite auch die Schätze des Alterns: vieles nicht mehr so ernst nehmen, eigene Grenzen kennen, Gelassenheit, Erfahrungsschätze und Lebensweisheit bekommen haben.

Und mit Glück gehört dazu auch der eigene Glaube, der ein steter Begleiter im Leben ist: durch Höhen und Tiefen, in Freud und Leid. Dank und Klage – beides ist aufgehoben in der Beziehung zu Gott.

Der eigene Glaube, der rückblickend zu Gott sagt: »Du bist meine Zuversicht, mein Gott, von Jugend an. Du bist mein Fels und meine Burg. Bei dir fühle ich mich beschützt und geborgen. Was kann mir schon passieren, wenn ich doch an dich glaube und auf dich traue.« Geht Ihnen das so? Können Sie das so oder so ähnlich sagen? *(Austausch)*

Im Psalm ist die Bitte im Gebet nach vornhin gerichtet: »Verwirf mich nicht in meinem Alter, verlass mich nicht, wenn ich schwach und grau werde. Verlass mich nicht, Gott, im Alter.«

Es gibt einen Spruch, der lautet: »Alt werden ist nichts für Feiglinge.« Es kostet Mut und Kraft und Zuversicht, sich mit dem Älterwerden auseinanderzusetzen und es letztendlich auch anzunehmen.

Hier im Altersheim gibt es viele verlängerte Hände Gottes, die für Sie sorgen und Sie begleiten. Die pflegen und helfen, die trösten und auch beten, so dass wir hoffentlich immer wieder mit der Beterin des 71. Psalms einstimmen können: »Du lässt mich erfahren viel Angst und Not und machst mich wieder lebendig und holst mich wieder herauf aus den Tiefen der Erde. Du machst mich sehr groß und tröstest mich wieder.«

49

URDAS TRAUM

Einführung

Ich lasse eine Patientin, die ich lange im Krankenhaus begleitet habe, mit ihrem Traum und ihrer eigenen Deutung zu Wort kommen. Den Traum verbinde ich mit Ps 31,16: »Meine Zeit steht in deinen Händen.«

Psalm

Ps 31,1-18 (gemeinsam)

Lieder

- Vertraut den neuen Wegen (EG 395)
- Meine Zeit steht in deinen Händen (in: »Himmel, Erde, Luft und Meer«, Nr. 135, CD: Von Herzen gern)
- Meine Hoffnung und meine Freude (in: »Himmel, Erde, Luft und Meer«, Nr. 181, siehe Anhang)

Ansprache

Ich möchte Ihnen gern einen Traum erzählen, den Urda geträumt hat. Urda kannte ich als Patientin, die ich lange als Seelsorgerin im Krankenhaus begleitete. Sie war sehr krank. Sie litt unter vielen verschiedenen Erkrankungen, die ihr das Atmen schwer machten und sie immer mehr einschränkten.

Trotz der immer stärker werdenden Einschränkungen hatte sie einen unglaublichen Lebenswillen und eine faszinierende Lebenskraft. Sie ertrug die Mühsal von Tagen und Wochen, um sich dann an einem guten Tag zu erfreuen und wieder Kraft zu sammeln für die nächste Durststrecke!

Vieles, was sie innerlich beschäftigte, bearbeitete Urda mit Hilfe von Träumen. Im Zuge ihrer Krankheit setzte sie sich neu mit ihrem Glauben auseinander. Sie rang immer wieder mit Gott. »Warum all diese Krankheiten, warum muss ich so leiden?« Sie wollte ihr Leben leben und hatte doch Angst, dass es früher zu Ende gehen könnte, als ihr das lieb war.

So träumte sie eines Nachts einen Traum, den sie mir erzählte, weil er sie nicht losließ. Wir sprachen lange darüber, und ich bin mir sicher, dass sie nichts dagegen hat, wenn ich Ihnen jetzt von ihrem Traum berichte. Für mich ist er das Ergebnis ihrer Auseinandersetzung mit Gott und ihrer Erkrankung und gleichzeitig empfinde ich den Traum als sehr tröstlich.

Urda erzählte:

Ich habe geträumt: Ich bin am Strand und habe meine Uhr verloren. Ich suche panisch und grabe alles um, finde meine Uhr nicht. Ich finde lauter andere Uhren, die anderen gehören, die interessieren mich aber nicht, ich will sie nicht. Ich finde meine Uhr nicht. Ich nehme mein blaues Handtuch hoch und grabe überall, aber nichts!

Und Urda fuhr fort:

Ich habe viel über den Traum nachgedacht und verstehe das so: Gott sagt zu mir: Ich gebe dir deine Zeit, du brauchst deine Uhr nicht. Das gibt mir so ein warmes Gefühl. Am Ende des Traums war ich entspannt, nicht mehr aufgeregt. Ich fühle mich getragen und angenommen von Gott.

Ich habe lange mit Gott gerungen und gefeilscht. Ich war zornig und habe mit ihm gekämpft. Ich habe um ein Zeichen gebettelt. Dieser Traum ist für mich ein Zeichen, dass Gott mich annimmt und mir meine Zeit gibt. Der Traum ist für mich so ein Zeichen. Seitdem bin ich ruhiger. Ich habe die Krankheit nicht akzeptiert, so weit kann ich nicht gehen, dass ich das sagen könnte, aber ich bin ruhiger geworden.

Ich weiß zwar nicht, wie lange ich Zeit habe, aber das ist egal.

Ich habe viel gekämpft gegen die Krankheit und mit Gott geschimpft, gefragt: warum ich? Aber jetzt fühle ich mich getragen und bin froh. Jetzt will ich die Zeit genießen, die ich noch habe, ich will sie nicht mit Kämpfen vergeuden.

Danach kam mir Urda wirklich verändert vor, entspannter, in sich ruhender.

Wir sprachen beide noch lange über ihren Traum. Mir fiel der Vers ein aus Ps 31,16: »Meine Zeit steht in deinen Händen.« Dieser Satz kam mir vor wie ein Einverständnis und wie eine Antwort auf Gottes Botschaft: »Ich gebe dir deine Zeit!« – wie ein Dialog zwischen Gott und ihr. Gott sagt: »Ich gebe dir deine Zeit.« Und Urda antwortet mit den Worten des Psalms: »Meine Zeit steht in deinen Händen.« Sie konnte das so gut für sich annehmen.

»Meine Zeit steht in deinen Händen.« Ja, so ist es. Die Medizin kann zwar vieles, aber den Tod kann sie am Ende doch nicht besiegen. Unsere Liebe kann jemanden nicht am Leben halten, aber auf allen Wegen begleiten.

Urda hat die ihr verliehene Zeit im vollen Bewusstsein gelebt und geliebt. Sie hat in der Gegenwart gelebt und die Menschen, die ihr nahe waren, haben es ihr möglich gemacht.

Eine Uhr im Traum kann ein Symbol sein für die zu Ende gehende Lebenszeit. Oft kündigt sie den nahen Tod an. Vielleicht kennen Sie Erzählungen, dass Uhren beim Tod eines Menschen stehen bleiben. Spannend finde ich in diesem Traum auch das blaue Handtuch, auf dem sie sitzt. Blau, das ist die Farbe, die für Transzendenz steht, für die Welt Gottes, für das Himmlische. Irgendwie ist sie in diesem Traum bei Gott angekommen, wenn sie auf einem blauen Handtuch am Strand sitzt.

Lasst uns das Geschenk der Lebenszeit achten, von dem wir nie wissen, wie lange es währt. Vertrauensvoll können wir sagen: »Meine Zeit liegt in deinen Händen, Gott.«

50

ICH BEREUE (NICHTS?) (BUSS- UND BETTAG)

Einführung

In der Woche des Buß- und Bettages möchte ich in der Andacht dazu einladen, auf das eigene Leben zu blicken: Wofür bin ich dankbar und glücklich und was bereue ich möglicherweise?

Material

Eine Kopie des Psalms

Nach Psalm 130 (6. Bußpsalm)

In der Übertragung von Hanne Köhler, Heidi Rosenstock, Du Gott, Freundin der Menschen, © 1991 Verlag Herder GmbH, Freiburg i. Br.

Aus der Tiefe rufe ich, Gott, zu dir.
Gott, höre meine Stimme.
Sei nicht taub für meinen Hilferuf.

Wenn du Vergehen anrechnen wolltest,
Gott, wer könnte dann vor dir bestehen?
    Aber du kannst auch vergeben,
    damit Menschen dich ehren
    und nach deinem Willen handeln.
Ich setze meine ganze Hoffnung auf dich, Gott,
und warte auf dein helfendes Wort.
    Ich sehne mich nach dir
    und warte auf dich, Gott,
mehr als ich mich in durchwachter Nacht
nach dem Morgenrot sehne.
    Denn bei dir, Gott, ist Gnade,
    und du kannst uns befreien.
Amen.

Lieder

- Aus tiefer Not schrei ich zu dir (EG 299)
- Ich lobe meinen Gott, der aus der Tiefe mich holt, damit ich lebe (in: »Himmel, Erde, Luft und Meer«, Nr. 104, CD: Meine Zeit in deinen Händen [Paulaner Band])
- Geh unter der Gnade (in: »Kommt, atmet auf«, Nr. 116; CD: den himmel erden)

Ansprache

Ende November gibt es kirchenjahreszeitlich drei Feiertage, an denen wir zurückblicken und gedenken. Am Volkstrauertag gedenken wir der Opfer der Kriege. Am Toten- oder Ewigkeitssonntag denken wir an die Verstorbenen, die uns nahe waren. Am Buß- und Bettag, der am Mittwoch dazwischen liegt, denken wir über unser Leben nach und nehmen in den Blick, was wir falsch gemacht haben und verändern möchten, kurz gesagt, was wir bereuen.

Alles sind also ernstere Tage und Sonntage. Dazu kommt, dass der November eher trübe ist, man mehr drinnen ist und auch mehr in sich geht. Wir nehmen uns Zeit, um Leben und Sterben zu bedenken. Dabei geht es auch um unsere eigene Endlichkeit.

Diese Woche ist Buß- und Bettag. Das Wort »Buße« klingt sehr streng. Ich möchte mich heute dem Thema widmen, was ich bereue und wie ich damit umgehen kann.

Im Rückblick schaue ich auf mein bisheriges Leben und bedenke zunächst: Was war gut in meinem Leben, wofür bin ich dankbar? Wo ist mir etwas geschenkt worden, wo bin ich vor Bösem bewahrt worden? Wo sind die goldenen Spuren in meinem Leben, wem verdanke ich etwas für mein Leben? Es gibt aber auch die andere Seite – im Rückblick stelle ich auch manchmal schmerzlich fest: Was habe ich versäumt, wo ist etwas offen geblieben, vielleicht sogar, wo habe ich mich schuldig gemacht an jemandem oder an mir selbst? Was bereue ich? Alles das kann ich vor Gott bringen mit der Bitte, dass Gott gnädig auf mich schaut und dass auch ich gnädig mit mir sein kann.

Eine Australierin mit Namen Bronnie Ware sprach mit Menschen, die am Lebensende waren. Aus den Gesprächen veröffentlichte sie in einem Buch selbstkritische Lebensbilanzen: »5 Dinge, die Sterbende am meisten bereuen. Einsichten, die Ihr Leben verändern werden«. (München 2015) Sie hat fünf Themen zusammengefasst, die Menschen besonders bereuten und gern im Nachhinein in ihrem Leben anders gemacht hätten. Ich möchte Ihnen diese fünf Themenbereiche gern vorstellen. Ich lese ganz in Ruhe und lasse immer eine kleine Pause, um dem jeweiligen Thema nachzuspüren und zu überlegen, ob es mir an der einen oder anderen Stelle vielleicht ähnlich geht.

1. Ich bin mir nicht selbst treu geblieben mit dem, was mir ein Herzensanliegen war. Ich habe nicht das getan, was ich eigentlich wollte. Ich habe mich zu sehr an dem orientiert, was andere von mir erwartet haben.
2. Ich habe mich übermäßig auf den Beruf konzentriert, ich habe zu viel gearbeitet. Ich habe nicht genug erfüllte Zeit mit Familien und Freunden gelebt.
3. Ich wünschte, ich hätte den Mut gehabt, meine Gefühle mehr zu zeigen.
4. Ich wünschte, ich wäre mehr mit meinen Freunden in Verbindung geblieben.
5. Ich wünschte, ich hätte mir erlaubt, glücklicher zu sein und mich mehr zu freuen.

Wenn Sie das so gehört haben, könnte es ja sein, dass bei Ihnen etwas zum Klingen gekommen ist. Vielleicht haben Sie auch gedacht: Ach ja, da finde ich mich wieder. Wenn Sie zurückblicken: Gibt es etwas, wo Sie sich selbst auch hineinfühlen können, was Sie bereuen oder gern anders gemacht hätten, wenn Sie es noch einmal tun könnten? *(Austausch, hier auch gern etwas Eigenes einbringen als Anregung und Mut machend …)*

Wie können wir damit umgehen, etwas zu bereuen, das wir nicht mehr ändern können? Den Schmerz fühlen, die Entscheidung im Nachhinein akzeptieren und dann die Hände öffnen, es Gott übergeben, seine Vergebung erfahren und loslassen. Und uns an dem freuen, was jeden Moment möglich ist.

Es gibt einen etwas wehmütigen, aber schönen Text zu dem Thema; den möchte ich Ihnen gern vorlesen:

Verrückter

Wenn ich mein Leben noch einmal leben könnte,
im nächsten Leben, würde ich versuchen, mehr Fehler zu machen.
Ich würde nicht so perfekt sein wollen,
ich würde mich mehr entspannen.
Ich wäre ein bisschen verrückter, als ich es gewesen bin,
ich würde viel weniger Dinge so ernst nehmen.
Ich würde mehr riskieren, würde mehr reisen.
Sonnenuntergänge betrachten,
mehr bergsteigen, mehr in Flüssen schwimmen.
Ich war einer dieser klugen Menschen,
die jede Minute ihres Lebens fruchtbar verbrachten;
freilich hatte ich auch Momente der Freude,
aber wenn ich noch einmal anfangen könnte,
würde ich versuchen, mehr gute Augenblicke zu haben.
Falls du es noch nicht weißt, aus diesen besteht nämlich das Leben;
nur aus Augenblicken.
Vergiss nicht den jetzigen.
Wenn ich noch einmal leben könnte,
würde ich von Frühlingsbeginn an
bis in den Spätherbst hinein barfuß gehen.
Und ich würde mehr mit Kindern spielen,
wenn ich das Leben noch vor mir hätte.
Aber sehen Sie: ich bin 85 Jahre alt und weiß,
dass ich bald sterben werde.

(Jorge Luis Borges)

Der argentinische Schriftsteller Jorge Luis Borges ist 86 Jahre alt geworden. Er schenkt uns den wunderbaren Hinweis: jeden Augenblick, besonders die glücklichen Momente, intensiv wahrzunehmen und nicht zu vergessen. Sie wie in einer Schatzkiste zu sammeln.

Mögen Sie erzählen und uns Anteil haben lassen, welche besonderen Augenblicke als Schätze in Ihrem Herzen und in Ihrer Erinnerung bewahrt sind? Was ist so ein besonders schöner Moment, an den Sie sich gern zurückerinnern? *(Austausch)*

Egal, wie alt wir sind: Jeder Tag ist ein neuer Anfang, und Gott geht mit uns auf unserem Weg, vergebend und stärkend, dessen dürfen wir uns in Dankbarkeit gewiss sein.

51

REGENBOGEN – SYMBOL DER HOFFNUNG (VOLKSTRAUERTAG)

Einführung

Diese Andacht ist für die Zeit rund um den Volkstrauertag gedacht. Der Regenbogen wird als Symbol der Hoffnung auf Frieden im eigenen Leben, im eigenen Umfeld und weltweit gedeutet. Jede bekommt ein regenbogenfarbenes Segensbändchen (aus der Kinderfastenaktion von Misereor) geschenkt.

Material

Ein Segensband für jede in Regenbogenfarben mit einem Segensvers. Zu bestellen: https://www.eine-welt-shop.de/misereor/kinderfastenaktion-2023/2961/segensbaendchen-zur-kinderfastenaktion-10er-pack.

Die Bändchen sehen farblich immer mal wieder anders aus, und auch der Segensvers ändert sich. Das muss dann gegebenenfalls angepasst werden. Nach Möglichkeit ein Seidentuch in Regenbogenfarben für den Altar.

Bibeltext

1. Mose 9,8-17 Der Regenbogen als Zeichen des Bundes Gottes

Lieder

- Meine Hoffnung und meine Freude (in: »Himmel, Erde, Luft und Meer«, Nr. 81, siehe Anhang)
- Vertraut den neuen Wegen (EG 395)
- Gib uns Frieden jeden Tag (EG 425)
- Es kommt die Zeit, in der die Träume sich erfüllen (in: »Das Liederbuch. lieder zwischen himmel und erde«, Nr. 283; CD: freiTöne Stick)

Ansprache

Heute habe ich ein Regenbogentuch aus Seide auf den Altar gelegt. Für mich ist der Regenbogen ein besonderes Symbol. Ein Regenbogen übt immer eine besondere Faszination aus, und ich glaube nicht nur auf mich.

Wenn ein Regenbogen am Himmel erscheint, dann ist das immer etwas Besonderes. Wer ihn zuerst sieht, weist meist andere Menschen in seinem Umfeld darauf hin: »Guck mal, da ist ein Regenbogen!«

Zum einen ist er schön anzusehen, zum anderen verheißt er, dass es nun wieder heller wird und die Farben in der Natur wieder sichtbar werden. Nach einem Regen, der alles in Grau verwandelt hat, bricht die Sonne langsam wieder durch. Dieser Übergang in der Natur ist durch den Regenbogen weithin sichtbar.

Der Regenbogen ist ein Zeichen für Übergänge und zugleich ein Hoffnungszeichen! Er löst Freude und Hoffnung aus.

Der Regenbogen ist ein biblisches Hoffnungssymbol und steht zugleich für ein Versprechen. Er gehört zur Geschichte von Noah und der Sintflut. Nachdem bei der Sintflut fast alle Menschen und Tiere den Wassermassen zum Opfer gefallen sind, gibt Gott ein Versprechen ab: »Meinen Regenbogen habe ich in die Wolken gesetzt. Er ist das Zeichen des Bundes zwischen mir und der Erde, das Zeichen meiner Verbundenheit mit euch.« Gott will uns freundlich anschauen und verspricht, dass nie wieder eine Sintflut alles auf der Erde zerstören soll.

Der Regenbogen kann für uns ein Hoffnungszeichen innerhalb unseres Lebens sein, wenn wir gerade Schweres durchmachen.

Ich habe Ihnen heute ein Segensband mitgebracht. Es hat die Farben des Regenbogens und ist mit einen schönen Text, einem Segenstext beschrieben: »Gott segne dich: Deine Ideen für eine gerechte Welt, deinen Beitrag für ein friedliches Miteinander und deinen Einsatz für die Bewahrung der Schöpfung.«

(Segensband verteilen)

Jeder Mensch braucht gute Worte und Berührungen – diese menschliche Grunderfahrung steckt hinter der Vorstellung vom Segen. Beim Segen wird ein Mensch mit neuer Kraft erfüllt, die andere ihm übertragen. Für uns Christinnen und Christen ist Gott die Quelle dieser Kraft, die wir einander weitergeben.

Segen ist ein positiver, persönlicher Zuspruch. Er gibt uns Kraft, Mut und Zuversicht in schwerer Zeit für die nächsten Schritte. Es ist, als würden wir von göttlicher Kraft berührt, die uns aufrichtet und stärkt. Einen Segen zu bekommen kann ein dichter und bewegender Moment sein.

Den Regenbogen am Himmel sehen wir hier auf Erden übrigens nie ganz, sondern immer nur einen Teil. Ich las mal ein Buch von dem bekannten christlichen Theologen Jörg Zink. Darin beschreibt er, dass er bei einem Gewitter in einem Flugzeug unterwegs war. Als die Sonne blendend hell hervortrat, sah er plötzlich einen Regenbogen, und zwar als ganzen Kreis. (Jörg Zink, Wie die Farben im Regenbogen, S. 7) Der Regenbogen ist eigentlich ein voller Kreis, von dem wir aber nur höchstens die Hälfte sehen, wenn wir auf der Erde stehen. Dies fand ich sehr beeindruckend und das hat für mich seitdem eine symbolische Bedeutung.

Mit seiner uns nicht sichtbaren anderen Hälfte kann der Regenbogen sogar ein Hoffnungssymbol sein für das, was uns über unser Lebensende hinaus erwartet. Der christliche Glaube bringt zum Ausdruck, dass das Leben mit dem Tod nicht zu Ende ist, sondern bei Gott eine Fortsetzung erhält. Wie diese sein wird, ist unseren Augen jetzt noch verborgen, so wie die andere Hälfte des Regenbogens. Aber sie ist da, auch wenn wir sie nicht sehen.

Ich erinnere mich an ein Gemälde von einem Friedhof, über dem ein Regenbogen stand. Heute am Volkstrauertag erinnere ich mich daran. Kriege brachten damals und bringen leider auch heute immer noch so viel Leid über viele Menschen. Menschengemacht! Nicht durch eine Naturgewalt hervorgerufen, sondern vermeidbar! In der Geschichte von der Sintflut verspricht Gott, nie wieder eine fast die ganze Menschheit vernichtende Sintflut zu schicken. Als Zeichen dafür schickt Gott einen Regenbogen. Ein Hoffnungssymbol bis heute. Ein Zeichen für Gottes Verbindung zu uns. Auch für Gottes Reue! Wann werden auch wir Menschen uns gegenseitig einen Regenbogen schenken als Zeichen unserer Sehnsucht und unseres Einsatzes und guten Willens für ein friedliches Zusammenleben? Als Wunsch nach Frieden und als unser Versprechen, alles dafür zu tun, dass nie wieder Krieg unsere Sehnsucht nach Frieden und friedlichem Zusammenleben zerstört. Weder in unserem Umfeld noch weltweit!

Ich lese noch einmal die Segensworte vor, die auf dem Segensbändchen stehen: »Gott segne dich: Deine Ideen für eine gerechte Welt, deinen Beitrag für ein friedliches Miteinander und deinen Einsatz für die Bewahrung der Schöpfung.«

Ich wünsche uns allen einen Regenbogen, Zeichen der Veränderung und der Hoffnung und als Quelle von Freude und neuer Kraft mitten im Leben! Möge das kleine regenbogenfarbene Segensbändchen Sie daran erinnern.

52

EINE WUNDERSAME VERWANDLUNG (TOTENSONNTAG/ EWIGKEITSSONNTAG)

Einführung

Die Ansprache bezieht sich auf das Bild, das den Psalm 103 illustriert und die Teilnehmenden als Kopie bekommen. Sie bezieht die vorherige Lesung der Offenbarung 21 mit ein. Es geht um unsere Verwandlung nach dem Tod. Sie wird – anknüpfend an das ausgeteilte Bild – mit Blick auf die Verwandlung des Löwenzahns zur Pusteblume symbolisiert.

Material

Jede bekommt ein Bildblatt, das passend zu Versen aus Psalm 103 gemalt wurde. Es stammt aus dem Buch: »Meine Zuversicht und meine Burg. Ausgewählte Psalmen in Großdruck mit Bildern von Stefanie Kühl. Neue Hamburger Bibelgesellschaft e.V., Hamburg 2020.« Die Bilder können einzeln bestellt werden.

Auf die Rückseite des bunten Bildes ist der folgende gekürzte Psalm kopiert:

Psalm 103

Lobe den Herrn, meine Seele

(ausgewählte Verse)

Lobe den HERRN, meine Seele,
und was in mir ist, seinen heiligen Namen!
Lobe den HERRN, meine Seele,
und vergiss nicht, was er dir Gutes getan hat:
der dir alle deine Sünde vergibt
und heilet alle deine Gebrechen,
der dein Leben vom Verderben erlöst.
Wie sich ein Vater über Kinder erbarmt,
so erbarmt sich der Gott über die, die ihn fürchten.

Denn er weiß, was für ein Gebilde wir sind;
er gedenkt daran, dass wir Staub sind.
Ein Mensch ist in seinem Leben wie Gras,
er blüht wie eine Blume auf dem Felde;
wenn der Wind darüber geht, so ist sie nimmer da,
und ihre Stätte kennet sie nicht mehr.
Die Gnade Gottes währt von Ewigkeit zu
Ewigkeit über denen, die ihn fürchten.
Lobe den Herrn, meine Seele!
Amen

Bibeltext

Offenbarung des Johannes 21,1-5 Vision einer neuen Welt

Lieder

- Morgenglanz der Ewigkeit (EG 450)
- Wachet auf, ruft uns die Stimme (EG 147)
- Ach bleib mit deiner Gnade (EG 347)
- Wie ein Wind, der leise weckt (Kommt atmet auf. Liederheft für die Gemeinde; gleichnamige CD)

Ansprache

Ich möchte Sie einladen, die Kopie in die Hand zu nehmen und sich das Bild anzuschauen. Mit dem Bild hat die Malerin versucht, den umseitigen Psalm, den wir miteinander gesprochen haben, zu illustrieren. Sie hat sich dabei besonders auf die folgenden Verse bezogen:

Ein Mensch ist in seinem Leben wie Gras, er blüht wie eine Blume auf dem Felde; wenn der Wind darüber geht, so ist sie nimmer da, und ihre Stätte kennet sie nicht mehr.

Die Malerin hat als Illustration der Blume einen Löwenzahn gewählt, nicht nur eine einzelne Blume, sondern ein ganzes Feld. Wir Menschen sind ja auch miteinander verbunden und blühen am besten in Gemeinschaft auf – jedenfalls die meisten von uns, denke ich.

Der Mensch blüht wie eine Blume auf dem Felde. Löwenzahn ist eine Blume, die sich auf einzigartige Weise verwandelt. Sie wird, wenn sie ausgeblüht hat, zur Pusteblume und die Samenfäden werden nach einer Weile vom Wind in die Welt getragen.

Ein Mensch ist in seinem Leben wie Gras, er blüht wie eine Blume auf dem Felde; wenn der Wind darüber geht, so ist sie nimmer da, und ihre Stätte kennet sie nicht mehr.

Passend dazu hat die Malerin dazu noch einen farbenprächtigen Schmetterling über die Blumen fliegen lassen. Ein Schmetterling ist ein Symbol für Verwandlung.

Das Bild drückt einerseits Leichtigkeit aus, wenn ich die Samen der Pusteblume im Wind fliegen sehe, aber gleichzeitig auch so ein beklemmendes Gefühl: Ich sehe die Fäden wegfliegen, kann es nicht ändern, kann sie nicht halten, muss sie ziehen lassen. Die Verwandlung findet auf jeden Fall statt am Ende des Löwenzahnlebens. Der Wind trägt die Samen in die Welt und ein neuer Kreislauf beginnt.

Auch wir selbst werden am Ende unserer Tage verwandelt werden. Da sind wir selbst ganz Teil der Natur. Wie unsere Verwandlung genau aussieht, das ist unseren Augen und unserer Erkenntnis im Hier und Jetzt noch verborgen. Der Glaube an die Auferstehung sagt, dass wir verwandelt und eine neue Kreatur werden. Aus unserem irdischen Leib wird ein geistlicher Leib auferstehen. So schreibt es der Apostel Paulus im 1. Brief an die Gemeinde in Korinth.

Wie der Schmetterling sich aus der Raupe und der Verpuppung prächtig entfaltet und losfliegt, wie sich der Löwenzahn verwandelt und vom Wind in die Welt getragen wird, so werden auch wir verwandelt werden und unsere geistlichen Schwingen werden sich zu Gott erheben.

Unsere Lieben, von denen wir uns verabschieden mussten, sind diesen Weg bereits gegangen und haben diese Verwandlung erlebt. Wir sind hier und blicken *mit Traurigkeit* zurück, denn unsere Lieben sind nicht mehr da. Die Trauer schmerzt und Tränen fließen. In der Lesung des Textes aus der Offenbarung haben wir von Tränen gehört, die künftig verwandelt werden sollen. Abschied tut weh und geht nicht schnell vorbei, sondern braucht seine Zeit.

Wir schauen zugleich zurück *in Dankbarkeit*, dass wir einander hatten und gute Zeiten verbringen konnten – neben sicher auch so manchen schweren Zeiten, die es gab.

Im Psalm heißt es:
Lobe den HERRN, meine Seele,
und was in mir ist, seinen heiligen Namen!
Lobe den HERRN, meine Seele,
und vergiss nicht, was er dir Gutes getan hat:

Die Erinnerung bleibt ein Schatz in unseren Gedanken und Herzen. Wenn die Dankbarkeit größer als der Schmerz wird, dann kann sie uns helfen, unseren Weg hier auf Erden trotz des Verlustes weitergehen zu können.

Die Gnade Gottes aber währt von Ewigkeit zu Ewigkeit über denen, die ihn fürchten.

In Ewigkeit sind wir aufgehoben bei Gott. Wir sind nicht verloren, sondern sind in Gottes Liebe in Ewigkeit geborgen.

So wie die ihn umgebende Luft dem Schmetterling Flügel verleiht und ihn in der Luft hält, so wie die Schwingen des Windes die Samenfäden der Pusteblume sanft in der Luft wiegen, so ist alles durch den Atem Gottes, durch die Luft, in der wir leben, miteinander verbunden und geborgen.

Am Ende sind wir in Gottes Liebe aufgehoben und geborgen. Wir folgen Jesus Christus, der vor uns und für uns auferweckt wurde.

In dem Text der Offenbarung des Johannes haben wir gehört:

Gott wird unter uns Menschen wohnen, in Berührung zu uns. Wir hören von einem sehr zugewandten und fürsorglichen Gott, der der Menschen Tränen abwischt:

»Und Gott wird abwischen alle Tränen von ihren Augen, und der Tod wird nicht mehr sein, noch Leid noch Geschrei noch Schmerz wird mehr sein; denn das Erste ist vergangen.«

Was für eine große Verheißung und was für eine Verwandlung! Ein Bild des Trostes. Bleiben auch wir in Ewigkeit darin geborgen!

Mit dem Ewigkeitssonntag endet das alte Kirchenjahr. Das Licht des Ewigkeitssonntags weist uns bereits in den Advent. Der nimmt uns mit seinen Lichtern hinein in die Erwartung des ganz großen Lichts, das mit der Geburt Jesu an Weihnachten aufscheint, in den wir alle unsere Hoffnung legen: auf Leben und Weiterleben und auf Neues Leben in Ewigkeit.

Lied
»Meine Hoffnung und meine Freude«

Text: Gesang aus Taizé
Musik: Jacques Berthier

CD: »Leben aus Gottes Kraft« (variabel)

Bibelstellenregister

AT

Psalmen

NT

Mt 1, 18-25 Josefs Traum (3)
Mt 2, 1-12 Die Weisen aus dem Morgenland (7)
Mt 4, 1-4 Versuchung Jesu, Anfang (25)
Mt 5, 1-12 Seligpreisungen und Mt 7, 12 »Goldene Regel« (22)
Mt 6, 16-21 Vom Fasten (14)
Mt 6, 25-30 Sorgt euch nicht (28)
Mt 8, 5-13 Der Hauptmann von Kapernaum (9)
Mt 27, 1-2.11-24 Jesus vor Pilatus (18)

Mk 1, (1-8,) 9-11 Jesu Taufe (29)
Mk 4,30-34 Gleichnis vom Senfkorn (39)
Mk 14, 3-9 Eine Frau salbt Jesus (15)
Mk 14, 32-42 Jesus in Gethsemane (16)
Mk 14, 27a, 29-31 und Mk 14, 66-72 (17)
Mk 16, 1-8 Das leere Grab (20)

Lk 1, 39-45 Maria besucht Elisabeth (4)
Lk 2, 1-20 Geburt Jesu (5)
Lk 8, 4-15 Gleichnis vom Sämann (44)
Lk 10, 38-42 Maria und Martha (41)
Lk 13, 18.21 Gleichnis vom Sauerteig (38)
Lk 15, 8-10 Gleichnis vom verlorenen Groschen (40)
Lk 18, 1-8 Die fordernde Witwe (10)

Joh 6, 1-14 »Speisung der Fünftausend« und Joh 6, 35 »Ich bin das Brot des Lebens« (12)
Joh 14, 1-7 »Ich bin der Weg« (46)
Joh 19, 16-30 Kreuzigung Jesu (19)
Joh 20, 19-29 Der Auferstandene begegnet den Jüngern (21)

Apg 2, 1-13 Das Pfingstwunder (27)
1. Kor. 13, 1-7.13 Ein Lied auf die Liebe (13)
Offb 21, 1-5 Vision einer neuen Welt (52)

Übersicht CDs

Chrismon (www.chrismonshop.de)

- Diverse CDs mit Liedern aus Taizé und Weihnachtsmusik
- Edition Chrismon 7 CDs (leider vergriffen, eventuell antiquarisch zu erwerben)
- Die Nacht ist vorgedrungen
- Es ist ein Ros entsprungen
- Der Mond ist aufgegangen
- Du meine Seele, singe
- Welt, sieh hier dein Leben
- Erschienen ist der herrlich Tag
- Wach auf, mein Herz, und singe

Gottesdienst-Institut der Ev.-Luth. Kirche in Bayern (www. shop.gottesdienstinstitut.org)

- Federleicht (für Ewigkeitssonntag)
- Ich hebe meine Augen zu den Bergen auf (Vertonung Ps 121 von 2010)
- Lobt Gott getrost mit Singen. Lieder aus dem Ev. Gesangbuch mit Orgelbegleitung, sowie Glockenläuten, 3 CDs (2009)
- Diverse weitere CDs auf der genannten Webseite
- Von Herzen gern. Lieder zu den ökumenischen Alltagsexerzitien 2017
- Kommt atmet auf. Lieder aus dem neuen Liederheft für die Gemeinde
- Leben aus Gottes Kraft. Lieder zu den ökumenischen Alltagsexerzitien 2013 (siehe auch unter variabel)

Hans-Jürgen Hufeisen, Jörg Zink

- Wie wir feiern können. 2 CDs mit den Liedern und Texten aus dem gleichnamigen Buch, 1992 (leider vergriffen)

Variabel (www.variabel-litzendorf.de)

- Lebensfarben
- den himmel erden
- Gott an meiner Seite
- Leben aus Gottes Kraft

Paulaner Band (www.paulanerband.de)

- Lasst uns miteinander
- Meine Zeit in deinen Händen

Michaeliskloster Hildesheim (www.material-michaeliskloster.de)

- freiTöne Stick. 175 Lieder in verschiedenen Darbietungen (mit Gesang, oder auch nur instrumental ...)

Bettina Thurner (www.bettina-thurner.de)

- Liebe (Vertonung zu Ps 139 und weitere »Liebeslieder«)

Siegfried Fietz

- Spuren im Sand (zur gleichnamigen Geschichte und weitere religiöse Lieder)

FSC www.fsc.org MIX Papier | Fördert gute Waldnutzung FSC® C014496

Penguin Random House Verlagsgruppe FSC® N001967

2. Auflage, 2024

in der Penguin Random House Verlagsgruppe GmbH,
Neumarkter Str. 28, 81673 München
Umschlagmotiv: © ZabJimz – Adobe Stock.com
Druck und Bindung: GGP Media GmbH, Pößneck
Printed in Germany
ISBN 978-3-579-06225-9
www.gtvh.de